PAUL MAILLARD

PALIS

ET

LE PRIEURÉ DE CLAIRLIEU

(AUBE)

Ouvrage couronné par la Société Académique de l'Aube

TROYES

IMPRIMERIE DE JOSEPH BRUNARD

85, RUE URBAIN IV, 85

1884

PALIS

LE PRIEURÉ DE CLAIRLIEU

PAUL MAILLARD

PALIS

ET

LE PRIEURÉ DE CLAIRLIEU

(AUBE)

Ouvrage couronné par la Société Académique de l'Aube

TROYES

IMPRIMERIE DE JOSEPH BRUNARD

85, RUE URBAIN IV, 85

1884

PRÉFACE

A la mémoire de mon père et de ma mère, je dédie bien respectueusement ce modeste travail. C'est mon début en histoire ; car je n'ose regarder comme tel mon essai, intitulé *Notice sur les foires de Troyes,* publié en 1881 d'après des ouvrages imprimés de la Bibliothèque de Troyes. Là, le plan m'était tracé par les auteurs où j'avais puisé. Ici, je me suis trouvé livré à moi-même, c'est à dire à mon inexpérience. On en trouvera sans doute des preuves dans le cours du présent travail. Mais j'ai foi dans la bienveillance de mon lecteur qui me les pardonnera, j'en suis sûr, en faveur de ma jeunesse.

Quelque courte que je veuille faire cette préface, je ne peux cependant pas la terminer sans expliquer les raisons pour lesquelles j'ai fait de Pàlis le but de cette étude, le sujet d'un concours.

Petit fief, d'ordre tout à fait secondaire, sous la féodalité ; localité sans importance de nos jours, dans l'ordre politique, il n'y avait là rien qui pût tenter l'historien qu'aucun sentiment particulier n'attachait à cette petite terre.

Berceau de ma famille, Pàlis, plus que toute autre commune, devait fixer mon attention et piquer ma curiosité. C'est là qu'enfant j'allais passer une bonne partie de mes vacances. J'y ai laissé bien des souvenirs d'adolescence et bien des affections de jeunesse. Que de beaux rêves aussi y sont restés accrochés aux buissons des champs et aux branches des noisetiers !

C'en serait peut-être assez pour aimer un village. Mais j'y ai des liens plus étroits encore ; car c'est là aussi que reposent les restes sacrés de mes vénérés parents, et que doit être, suivant leur volonté, ma dernière et éternelle retraite.

Si ardue qu'ait été ma tàche, en raison même de la stérilité du sujet, je crois l'avoir remplie avec une entière conscience ; et si petite que soit la pierre que j'apporte, elle aura quand même sa place dans l'édifice de l'histoire locale de notre département.

Paul MAILLARD.

PALIS ET LE PRIEURÉ DE CLAIRLIEU

CHAPITRE PREMIER

LE PAYS

I. Topographie

Aspect des lieux : Le relief du sol, les eaux, les bois, la constitution géologique. — Le village, les hameaux. — Esprit général de la population.

Le territoire de Pàlis est très étendu : sa superficie est de 2,042 hectares 45 ares 43 centiares.

Il est borné, au Nord, par le finage de Villadin et par celui de Faux ; au sud, par celui de Villemaur ; à l'Est, par le territoire de Mesnil-Saint-Loup, et à l'Ouest, il tient aux finages de Planty, de Pouy et de Marcilly-le-Hayer.

Il offre deux aspects bien distincts. D'un côté, vers l'Est, le sol est nu et peu fertile ; il rappelle déjà, par sa blancheur, les grandes plaines arides de la Champagne pouilleuse dont il semble être le commencement. Vers l'Ouest, au contraire, le relief s'accentue notablement ; à la blancheur crayeuse succèdent des tons plus sobres et plus variés ; des coteaux de vigne ornent le flanc des collines, et les grands bois sombres qui couronnent les sommets forment un horizon

de verdure luxuriante qui contraste agréablement avec la
monotone uniformité qui s'étale en face.

En général, la constitution géologique du territoire de
Pâlis est faite de *carbonate calcaire*. La craie qui en forme
la base appartient à la *craie supérieure*. Elle est très frag-
mentaire, peu stratifiée, très friable et très blanche, ainsi
que l'on peut s'en convaincre à la Perrière, grande crayère,
creusée en galerie, à l'entrée même du village, du côté de
Villemaur.

On y rencontre fréquemment des veines de silex en
rognons, à enveloppe blanche, qui servent à l'entretien des
routes et que l'on trouve, tantôt disséminés dans la masse,
tantôt disposés en couches irrégulières.

Les fossiles que cette craie renferme sont peu nombreux ;
encore les trouve-t-on rarement bien intacts. Ce sont surtout
des *spatangues*, des *ananchytes*, des *inocérames* et quelques
variétés de *pectens*. Plusieurs rognons de silex affectent la
forme des oursins sur lesquels ils se sont moulés ; d'autres,
creux à l'intérieur, renferment des *druses* de petits cristaux,
à pointes hexaédriques.

Les hauteurs de l'Ouest sont occupées par des lambeaux
de terrain tertiaire et de limon rouge contenant du fer
oxydé géodique et des silex. On peut aussi y signaler, épars
à des hauteurs diverses, des blocs de grés sauvages, de
même nature que les grés de l'argile plastique. Ces blocs,
émergeant du sol, semblent, par leur présence, attester
l'ancienne extension du terrain tertiaire, sur l'étage
crétacé dans cette partie du département de l'Aube et
démontrer le phénomène de la dénudation des terrains, par
suite de l'action érosive des grandes masses d'eau qui, à
l'époque tertiaire, ont dû recouvrir le sol de cette contrée.
De place en place, des ravins, souvent très profonds, creusés
par les eaux pluviales de notre époque, laissent à découvert

une assez grande épaisseur de détritus et d'éboulements tertiaires (1).

Au nord de Pâlis, se trouve un amas de sable siliceux jaunâtre, de même nature que les grés ; on l'emploie à la confection du mortier.

Le village de Pâlis occupe presque le centre du territoire. Il est situé dans le vallon que forment les collines boisées de Villadin, au Nord, et celles de Clairlieu et de Planty, à l'Ouest. Sa forme est très irrégulière. Il est traversé à l'Est, dans la direction du Nord au Sud, par la route départementale n° 4, de Nogent-sur-Seine à Tonnerre ; la rue de Serée, la rue du Bas et la rue du Bois, sont les principales artères du village. Comme aucun ruisseau, aucun cours d'eau ne prend naissance sur le finage, ni ne le traverse, la seule ressource du pays, en eau, consiste dans des puits forés dans la craie, à une profondeur variant de 30 à 50 mètres. Les maisons du village sont bien construites et non dépourvues d'élégance ; leur façade est presque toujours tournée vers le midi. Elles présentent généralement, lorsqu'elles ne font pas face à la rue, une ou deux fenêtres percées dans celui des côtés qui borde le chemin. Par suite de cette disposition, elles sont séparées les unes des autres par un terrain, dont une partie sert de cour et dont le reste est disposé en jardin. La grange est quelquefois à la suite, sur la même ligne que l'habitation, mais plus fréquemment, en retour, sur la cour à laquelle elle sert d'enceinte d'un côté.

En été, vu des hauteurs boisées de l'Ouest, le village offre un coup d'œil assez pittoresque, avec les reflets d'un bleu sombre de ses toits d'ardoise, au milieu desquels ça et là éclate la note vive d'une couverture en tuiles, ou la teinte

____

(1). Leymeric, *Géologie du département de l'Aube*, B. T. n° 698 (cabinet local) ; Mémoires de la Société d'agriculture de l'Aube, **Année 1838**. *Notice géologique*, par M. Cottet.

jaunâtre d'une toiture en chaume, sur laquelle s'est épanouie toute une famille de lichens. Puis, autour de cet amas d'arêtes de toits, d'angles de maisons, la campagne verte ou dorée, suivant la saison, se déploye, à perte de vue, dans la direction de Mesnil-Saint-Loup, dont on aperçoit au loin la nouvelle église.

Si nous descendons sur le versant occidental de la colline où nous nous trouvons, en nous dirigeant entre les finages de Planty et de Pouy, nous rencontrons, dans un site splendide, quelques grands bâtiments entourés de murs élevés et dominés par une espèce de clocher; c'est l'ancien prieuré de Clairlieu, aujourd'hui transformé en ferme et dont nous nous proposons d'écrire aussi l'histoire. C'est le seul hameau ou écart situé sur le territoire de Pàlis.

Les habitants du village sont sobres, hospitaliers et laborieux. Beaucoup possèdent quelques terres qu'ils cultivent ou font cultiver par les laboureurs et sur lesquelles, en été, ils vont eux-mêmes récolter la moisson. La plupart fabriquent de la bonneterie de laine et de coton : c'est la grande industrie du pays. Il est fort peu de ménages qui ne possèdent un métier sur lequel travaille, à son tour, chaque membre de la famille : hommes et femmes. De bon matin, avant même le lever du jour, jusqu'à une heure fort avancée de la nuit, on entend le grincement des métiers qui ne chôment guère que le dimanche.

Le produit de ce travail est très rémunérateur ; aussi, presque toutes les familles sont-elles à l'abri du besoin et possèdent-elles un petit pécule qui va grossissant chaque année dans de respectables proportions. C'est, en effet, qu'à l'amour et au goût du travail, la population pâlisienne joint l'économie bien comprise et l'épargne intelligemment pratiquée. On pourrait pourtant supposer que ce travail continuel a lieu au détriment de la propreté du ménage. Ce serait une grave erreur. Dans quelque maison que vous entriez, vous trouverez toujours des pièces propres, bien en ordre, et qui feront honneur à la maîtresse du logis.

II. — Archéologie

Aspect primitif des lieux. — Epoque préhistorique. — Monuments anciens. — Ruines

Quel pouvait être, au moment de l'apparition de l'homme dans ces contrées, l'aspect primitif des lieux sur lesquels s'élève aujourd'hui le populeux village de Pâlis? Nous ne saurions nous prononcer trop catégoriquement, n'ayant, sur ce point, aucune donnée certaine, authentique. Pourtant, nous sommes fondé à croire que la plus grande partie du territoire, à l'Ouest et au Sud, était en forêts. Des défrichements incessants ont eu lieu, qui ont contribué à modifier profondément, avec la surface du sol, les conditions climatologiques et les mœurs des habitants.

A l'époque préhistorique, l'homme primitif avait établi sa demeure dans ces grands bois, maintenant en partie détruits. On trouve de sa présence des preuves irrécusables, surtout dans les régions dites *les Bois Maraut* et *les Oliviers*. A cet endroit notamment, devait exister un *atelier* (1) très important, à en juger par le nombre considérable de haches, de

---

(1) On donne en archéologie le nom d'*Atelier* ou de *Station* aux endroits qui renferment une grande quantité d'ouvrage de l'âge de pierre et semblent, par conséquent, avoir été un centre d'activité assez développé alors.

couteaux, de pointes de flèches, le tout en silex à éclats, de l'époque préhistorique que l'on y a déjà recueillis (1).

Les silex polis de l'époque néolithique sont plus rares ; M. l'abbé Garnier, ancien curé de Pàlis, en a cependant découvert de très beaux specimens qui sont allés enrichir la belle collection du Musée de Troyes. Malgré la présence de ces silex polis, on n'a retrouvé aucun *polissoir* sur le finage de Pàlis, bien qu'il y en ait un assez grand nombre sur les communes voisines (2). Il est à présumer que ceux qui ont pu exister sur Pàlis, ont servi, à une époque récente, comme matériaux de construction ou qu'ils ont été transportés en menus morceaux sur les routes.

Nous voilà donc absolument fixés sur l'existence des premiers habitants de la contrée, dès les premiers âges du monde, puisque nous avons des témoins de leur industrie. Nous pouvons donc nous les représenter, sans crainte de nous tromper, se construisant des huttes de feuillage, à la manière des peuplades sauvages, et, avec les grossiers instruments de pierre qu'ils se fabriquaient, chassant dans leurs forêts les animaux féroces qui leur servaient de nourriture et de la peau desquels ils se couvraient.

Aucune poterie de l'âge de terre, aucun outil de l'âge de fer ne viennent attester les progrès de la civilisation chez ces habitants de l'époque néolithique.

Au point de vue de l'art ancien, Pàlis n'offre aucune particularité bien remarquable. Cependant, parmi les débris archéologiques, nous pouvons citer : le dernier pilier de

---

(1) M. le curé Garnier était parvenu à en rassembler une collection assez complète et des plus intéressante ; il a fait don de plusieurs échantillons au Musée de Troyes.

(2) La fameuse pierre qui se trouve dans les bois de Villemaur, et que tout le monde, à Pàlis, connaît sous le nom de *Pierre aux dix doigts*, n'est autre qu'un polissoir. La Société académique de l'Aube s'en est rendue acquéreur et veille à sa conservation.

gauche de l'église et l'arc qui ouvre du chœur sur le collatéral gauche qui datent du xiiᵉ siècle. L'arc opposé, qui ouvre du chœur sur le collatéral droit est du xvᵉ siècle (1). On remarquait encore, il y a quelques années, deux vitraux coloriés du xivᵉ siècle, représentant des images religieuses (2), ce qui ferait supposer que l'église de Pàlis possédait une verrière qui a péri.

Nous croyons devoir noter également la croix dite de Saint-Georges, élevée au bord de la route de Nogent à Tonnerre, en face le chemin qui conduit à Mesnil-Saint-Loup. Elle provient, dit-on, d'un hameau appelé *Tricherey*, qui dépendait autrefois de Pàlis et qui a été détruit, lors des guerres de religion. Cette croix était, paraît-il, faite d'une seule pierre qui devait avoir de très grandes dimensions. La partie supérieure n'a jamais été retrouvée ; quant à la base, surmontée d'une partie de l'ancien fût, elle est d'un seul bloc, de plus de deux mètres environ de hauteur. Sur la face du socle qui regarde le couchant, on remarque un cheval sculpté, surmonté d'un cavalier (probablement Saint Georges (3). Les trois autres faces portent des inscriptions latines que le temps a rendues indéchiffrables ; une seule, un peu mieux conservée que le reste, est ainsi conçue :

JESUS NAZARENUS REX JUDEORUM

Il est bien difficile d'assigner une date à ce monument.

En fait de ruines, nous n'avons à citer que celles de Tricherey, à 2 kilomètres à l'Est de Pàlis et dont il n'y a

---

(1) D'Arbois de Jubainville, *Répertoire archéologique du département de l'Aube.*

(2) Jésus sur les genoux de sa mère, — Descente de Croix, — Scène de la vie de S. Médard. — Ces vitraux, qui avaient 80 centimètres carrés de surface, ont été vendus par la fabrique, moyennant 500 francs.

(3) C'est de cette image que la croix tire son nom.

plus aujourd'hui aucun vestige ; seule, la charrue heurte encore quelquefois un pan de mur ou des débris de pierres sur l'emplacement de cet ancien hameau.

A l'Ouest de Pâlis, on peut encore distinguer, dans le bois appelé, par une corruption de langage, *les Pennecières*, la configuration d'une grande construction actuellement disparue. C'était là qu'au xiie siècle se trouvait la grange des Pannetières, propriété de la Maladrerie des Deux-Eaux, près Troyes. Citons encore au Sud-Est, dans la contrée des Essarts, l'existence, au xviiie siècle, d'une ancienne ferme ayant appartenu au commandeur de Coulours et dont il ne reste plus rien aujourd'hui.

Tels sont, avec l'ancien prieuré de Clairlieu, les seuls souvenirs qui nous restent du Moyen-Age. Nous ne parlons pas ici de l'ancien château de Pàlis qui, au point de vue archéologique, n'offrait aucun intérêt et dont nous ferons plus loin l'histoire.

CHAPITRE DEUXIÈME

HISTOIRE ADMINISTRATIVE, ÉCONOMIQUE ET MORALE DE LA COMMUNE

I. — La Communauté et la Commune

Origines de la Communauté

Nous avons déjà parlé des habitants de l'époque néolithique dans la contrée où se trouve actuellement Pàlis ; mais, est-ce à cet âge préhistorique, qui se perd dans la nuit des temps, que nous devons faire remonter l'origine même du village ? Nous ne le pensons pas.

C'est, suivant nous, à une époque plus récente, contemporaine peut-être, de l'invasion romaine ou de l'envahissement de la Gaule par les Huns, que fut fondé le village dont nous nous occupons. Il n'existe aucune charte, aucun contrat qui puisse faire la lumière sur sa constitution. C'est précisément là une preuve à l'appui de l'hypothèse que nous faisons ; car, à l'époque où nous plaçons la fondation de Pàlis, il n'était besoin d'aucune loi écrite, d'aucune charte, pour en faire reconnaître l'existence par une autorité supérieure qui n'existait pas. Il serait, du reste, peu logique d'admettre, qu'à une époque de paix et de tranquillité, des hommes se soient rassemblés dans un endroit sans eau, sur un sol en friche et souvent peu fertile, alors que les bords de la Vanne offraient, au contraire, tant de précieux avantages. Ce furent donc des individus des vallées voisines qui, pour échapper au contact des légions romaines, maîtresses de la Gaule, ou bien encore aux brigandages des Huns conduits par Attila, se réunirent, construisirent quelques cabanes au milieu des bois et fondèrent ainsi, en vertu de leur droit naturel, une petite agglomération d'habitations qui devint un village. Ce village grandit, survécut à la domination romaine et à l'invasion des barbares ; enfin, quand au Moyen-Age on commença à le signaler, il existait depuis longtemps déjà, sinon en droit, du moins en fait.

Ce village, qui s'est appelé successivement Paleiz (1189), Paleyum (1199), Paluz (xive et xve siècles), Paslis et Pàlis (xviie et xviiie siècles), serait donc, suivant nous, d'origine purement gauloise ; c'est aussi ce qui semble ressortir de l'examen du caractère, tant physique que moral, des vieilles familles du village, caractère qui n'a absolument rien de commun avec celui des races dominatrices.

La pièce la plus ancienne que nous possédons et dans laquelle il est question de Pàlis, est de 1199. C'est une charte par laquelle un nommé Gauthier, de Vannes, reconnaît par-devant Drogon, abbé de Saint-Loup, avoir donné aux Lépreux des Deux-Eaux, à titre d'aumône, pour le salut de son âme, une *osche* de terre franche au finage de Morey... et treize deniers de censive annuelle, dont huit seront payés par Milon de Dierrey-Saint-Pierre et ses héritiers, un par Anchère et ses héritiers et quatre par celui qui aura la maison de feu *Jean de Pâlis* (1).

Comme on le voit, ce n'est pas un document constitutif de la communauté.

(1) Harmant. Notice sur la Léproserie de Troyes (Cartulaire) B. T. no 522.

La Communauté, à l'Époque monarchique (XVIIe et XVIIIe siècles). — Les Syndics, les Assemblées.

Jusqu'au XVIIe siècle, Pâlis ne paraît pas avoir eu beaucoup d'immunités. Ce n'est guère que vers 1687, que nous voyons la communauté jouir de certaines prérogatives, de certains droits civils, telle que la nomination par les habitants du *procureur-syndic*.

A cette époque déjà, l'autorité du seigneur commençait à s'affaiblir et il ne lui restait plus guère, dans l'administration du village, que la nomination des officiers de justice.

Le Syndic était le principal administrateur ; il recevait une indemnité toutes les fois qu'il avait à s'absenter du village, soit pour conduire à Troyes les miliciens, soit pour aller représenter la communauté à l'Assemblée d'Élection, soit enfin pour toutes sortes de dérangements. Vers 1760, on l'exempta des corvées. C'était lui qui distribuait les *tâches*, qui était chargé d'opérer les recettes et de payer les dépenses de la communauté. Le subdélégué de l'Intendant de Champagne contrôlait ensuite son compte, préalablement soumis à la ratification des habitants. Cet administrateur réduisait assez souvent l'indemnité que s'allouait le syndic. C'est ainsi que, dans un compte du syndic de Pâlis pour 1780, celui-ci s'étant alloué douze livres pour six journées passées sur la route à recevoir et à distribuer les tâches, le subdélégué réduisit cette indemnité à six livres, « l'exemp-« tion personnelle de la taxe devant, dit-il, tenir lieu du « surplus » (1).

En 1717, les habitants de Pâlis choisirent, pour leur syndic, un homme énergique qui remplit ses fonctions avec

______

(1) Archives de l'Aube, C 1609.

un zèle et un dévouement tout particuliers. Cet homme s'appelait Pierre Guillaume (1).

Ils avaient très probablement de bonnes raisons pour le mettre à leur tête ; car, depuis quelque temps déjà, ils préméditaient de résister à leur seigneur, en refusant de se soumettre au droit de banalité du pressoir et en secouant le joug des corvées.

Il fallait alors quelqu'un de hardi, d'opiniâtre, pour refuser au seigneur de Pàlis l'accomplissement de ces deux servitudes. Pierre Guillaume était bien l'homme de la résistance. Non-seulement il refusa d'appeler les habitants à la corvée, mais encore il donna lui-même l'exemple de l'insubordination, en transportant ses propres vendanges sur le pressoir d'un village voisin, afin de se soustraire au droit de banalité (2) dû à M. Desmarets, de Pàlis.

Ce dernier fit aussitôt assigner le syndic rebelle, qui comprenait que la cause pour laquelle il luttait était bien plutôt celle de la communauté tout entière, que la sienne propre. Quoique condamné, il ne perdit pas courage et interjetta appel de la sentence prononcée contre lui. Devant la Cour, il se défendit lui-même avec une énergie surprenante qui ne convainquit pourtant pas les juges. Tant d'obstination et de courage de la part d'un manant comme eux, excitèrent l'amour-propre des habitants, et ils résolurent d'intervenir à leur tour au procès, pour protester ostensiblement contre les arrêts qui condamnaient leur syndic.

Les syndics étaient nommés pour un an. L'élection avait presque toujours lieu en septembre, par tout le peuple assemblé, à la sortie de la messe, devant l'église. Cette convocation était faite à la requête du syndic en exercice,

<hr>

(1) Archives de l'Aube, E. 541.

(2) On verra plus loin ce qu'était à Pàlis ce droit de banalité du pressoir.

et portée à la connaissance des habitants, par le sergent de justice (1) qui les assignait « de post à post (2) », en désignant l'objet de la réunion. Le curé, les deux dimanches qui précédaient le jour fixé pour cette élection, donnait lecture au prône de la messe paroissiale du Mandement du Roi et de l'Ordonnance de l'Intendant de Champagne ayant trait à ces assemblées (3).

C'était généralement à midi, au son de la cloche, que se tenaient ces réunions. L'ordre y était assez fréquemment remplacé par la confusion et le tumulte, car tout le monde y parlait en même temps, sans savoir, le plus souvent, ce dont il était question (4). De plus, elles avaient lieu en plein air, et de manière à ce que les délibérations fussent prises en présence de tous les habitants.

Quelquefois pourtant, à Pâlis, on dérogea à ces habitudes qui étaient devenues une règle. Comme on pense bien, lorsque les habitants tenaient des assemblées privées, en dehors de la place accoutumée, c'était pour prendre une mesure contre quelqu'un de leurs maîtres (5). C'est ainsi qu'en novembre 1874, eût lieu une réunion secrète dans laquelle il fut décidé que l'on demanderait à l'Intendant de Champagne d'autoriser la Communauté à intervenir dans un procès intenté par M. de Pâlis contre deux de ses « manans » qui refusaient d'acquitter le droit de pressoir banal. Bien que cette assemblée eût été tenue irrégulièrement, ainsi que le fit observer M. Desmarest, dans une

---

(1) Officier de justice chargé des assignations, des ajournements, de lever les amendes, etc.

(2) Locution ancienne signifie : *de porte en porte* ou *de maison en maison*.

(3) Archives de l'Aube : C. 1633.

(4)   id.   id.   C. 1600.

(5)   id.   id.   C. 1609, Dossier 5.

lettre qu'il adressa à l'Intendant, ce dernier accorda aux habitants ce qu'ils sollicitaient (1).

C'était aussi dans ces assemblées qu'étaient choisis les *collecteurs* (2), chargés de répartir entre les contribuables ou « *cottisables* », le montant du rôle des tailles.

On voit déjà quel rôle jouaient les assemblées générales, sous l'ancienne monarchie ; on retrouvera encore, dans le cours de ce travail, d'autres circonstances dans lesquelles elles se tenaient.

Le 25 juin 1787, on mit en vigueur un règlement du roi qui établissait des Conseils dans toutes les communautés qui n'en possédaient pas encore. Il n'y avait que ceux qui payaient au moins dix livres d'impositions, qui pouvaient prendre part aux assemblées chargées d'élire le *Conseil communal*. Cette nouvelle mesure restreignait donc les droits des anciennes assemblées générales.

La première des assemblées de notables eût lieu à Pàlis, à l'endroit habituel, le 26 août 1787, à l'issue de vêpres, en vertu de l'ordonnance de M. l'Intendant de Champagne adressée aux « syndics, propriétaires, habitans et bientenans de la paroisse de Pàlis (3) ». Vingt-cinq personnes y assistaient. Le syndic, après avoir donné lecture de l'ordonnance, déclara qu'il s'agissait de procéder à la nomination de trois, six ou neuf membres et d'un nouveau syndic qui, avec le seigneur et le curé de la paroisse, membres *de droit*, devaient composer l'assemblée municipale. On discuta donc d'abord, sur le nombre de membres à élire ; les collecteurs, qui étaient présents et avaient eu soin de se munir de leurs rôles, firent remarquer que la communauté

<hr>

(1) Archives de l'Aube : C. 1608.

(2) Dans les pays qui avaient un *greffier du rôle des tailles*, il n'y avait généralement pas de collecteurs.

(3) Archives de l'Aube : C. 1609.

contenait 158 feux. Sur quoi on décida qu'il fallait, outre un syndic, élire quatre membres, ce qui fut fait séance tenante.

Ce fut dans une réunion analogue à celle que nous venons de voir fonctionner, que fut rédigé le cahier des remontrances, plaintes et doléances de la paroisse de Pàlis, qui devait être soumis aux grands Etats-Généraux de 1789.

Nous en donnons le texte dans un autre chapitre.

Les Biens communaux et les autres Revenus

Plusieurs des droits d'usage et de propriété de la communauté de Pàlis remontent à une époque très ancienne ; d'autres résultent de concessions faites par les seigneurs au Moyen-Age.

Il est déjà question de la forêt de Pàlis dans une charte de 1189 (1), et il est probable qu'alors la communauté avait, dans ces bois, un droit d'usage qu'elle devait exercer largement. Il n'y avait, en effet, à cette époque, ni coupes réglées, ni exploitation régulière et les seigneurs ne pensaient pas encore à s'en attribuer la propriété.

Dès 1553, les habitants de Pàlis eurent maille à partir avec leur suzerain, le duc de Nevers, seigneur de Villemaur et pour moitié de Pàlis, au sujet des droits d'usage qu'ils prétendaient avoir sur les bois et broussailles que ce seigneur disait lui appartenir. Une transaction fut convenue, qui attribuait trois cents arpents aux « habitants de Pàlis et leurs successeurs nés audit village, qui y ont pris et prendront femme, et nés des dites qui y ont acquis et acquerront maison, terre, etc. (2) ».

<hr>

(1) Harmant. Notice sur la Léproserie de Troyes (Cartulaire).
(2) Archives de l'Aube : E. 54).

L'aveu (1) rendu en 1734, par M. Desmarets, seigneur de Pâlis, à sa suzeraine, Mme la Comtesse de Blanzac, est aussi explicite. Il y est dit, en effet, que les habitants ont le droit de couper du bois dans les usages situés sur le finage de Pâlis et que ces bois sont délivrés aux ayants-droit par les officiers gruyers des deux co-seigneurs, et ce, aux termes d'une transaction intervenue le 19 décembre 1508 « entre les manans et habitans du dit Pallis, d'une part, et haulte et puissante dame, Madame Françoise d'Albret, dame de Villemaur, etc , dautre part (2) ».

Il est donc bien établi, par ces documents, que des difficultés multiples, au sujet des droits d'usage, s'élevèrent au XVIe siècle entre les seigneurs et la communauté.

Au XVIIIe siècle, les bois communaux consistaient en 180 arpents, dont un quart était en réserve et le surplus était mis en coupes réglées tous les dix ans.

En 1733, le seigneur de Pâlis demanda et obtint que ces coupes aient lieu seulement tous les vingt-cinq ans (3).

En 1787, la coupe annuelle des bois communaux consistait environ en sept arpents et demi de bois. Quand il s'agissait de procéder à l'abattage d'une de ces coupes ordinaires, les habitants de Pâlis, par leur syndic, adressaient une requête au juge-maire qui la communiquait au procureur fiscal, pour qu'il y mit la formule de ses conclusions. Après quoi le syndic, accompagné de notables, se transportait sur les lieux et marquait aux armes du seigneur les arbres réservés dans la coupe (3).

Chaque coupe annuelle était alors divisée en quinze

---

(1) L'*aveu* était un acte par lequel un vassal énumérait les terres et droits qu'il tenait du suzerain.

(2) Archives de l'Aube : E. 198.

(3)   id.   id.   C. 1609, Dossier 5.

dizaines environ, et chaque dizaine répartie entre dix feux, comme cela se pratique encore aujourd'hui.

Au XVIII° siècle, Pàlis n'avait pas toutes les ressources qu'il possède actuellement. Son seul revenu consistait dans la contribution que payait chaque prenant-part à l'affouage, comme l'indiquent les comptes des syndics dont le chapitre des recettes ne comprend que cet unique article (1).

Vers 1780, cette contribution produisait mille livres environ. Un tel revenu était évidemment bien loin de suffire aux besoins de la communauté. On pourrait s'en convaincre, du reste, en lisant une intéressante pièce de 1742 (2), dans laquelle il est dit que la communauté de Pàlis ne possède aucun denier ni revenu ; que, de plus, elle se trouve réduite à la misère, par suite des procès continuels qu'elle a été obligée de soutenir, tant contre le sieur Desmarets que contre son père, depuis qu'ils sont seigneurs de Pàlis.

Outre les bois dont nous venons de parler, la communauté possédait encore une certaine quantité de terres incultes : cent arpents environ, dit la réponse à un questionnaire de 1769 (3), qui n'étaient presque d'aucun rapport et servaient au pâturage des bestiaux ; c'était aussi pour eux un lieu de repos en hiver et au printemps, lorsque les terres sont labourées et ensemencées.

Dépenses et Dettes

Quelque pauvre que fût la communauté de Pàlis, elle avait, néanmoins, à subvenir à certaines dépenses onéreuses. Ainsi, les gages du maître d'école, qui s'élevaient à cent

(1) Archives de l'Aube : C. 1608.
(2)   id.   id.   E. 199.
(3)   id.   id.   C. 1609. Dossier 1er.

cinquante livres par an (1), l'entretien de l'école et les vingtièmes qui montaient, en 1787, à 899 livres 18 sols, étaient à sa charge. Elle avait aussi à payer le garde des bois communaux et les *messiers*, ou gardes des champs, dont il est fait mention dans un compte de syndic en 1783. L'entretien de la nef et du clocher de l'église, ainsi que des murs du cimetière, lui incombaient pareillement. Mais, ce qu'il y avait surtout de ruineux pour la communauté, c'étaient les frais des procès, et certes, les habitants de Pâlis eurent le malheur d'être des mieux favorisés à cet égard.

En 1742, ils se trouvèrent dans l'obligation d'adresser une requête « à Monsieur le Maire de Pâlis ou à Monsieur son lieutenant », pour le supplier humblement de les autoriser à vendre deux coupes et parts ordinaires de bois communaux, distraction faite, toutefois, des droits que prétend y avoir le sieur Desmarets, afin qu'ils puissent se procurer quelques sommes qui leur permissent de se défendre et de soutenir un procès considérable contre leur seigneur (2). Et la communauté était, à ce moment, tellement pauvre, qu'elle n'avait même pas de quoi faire lever la sentence rendue à son profit contre le seigneur, en sorte qu'elle ne pouvait se faire rembourser les frais auxquels ce dernier avait été condamné, et dont elle avait un si grand besoin.

Déjà en 1733, pour faire face aux grosses réparations que nécessitaient l'église et le presbytère, les habitants s'étaient vu forcés de se faire autoriser à couper le quart de leurs bois mis en réserve et qui avait au moins 70 ans (2).

L'entretien des chemins était aussi une des charges de la communauté. Mais quand, en 1787, la corvée fut supprimée, l'impôt qui la remplaça fut loin de pouvoir suffire aux répa-

<hr>

(1) Archives de l'Aube : C. 1699, Dossier 1er.
(2) id. id. E. 199.

rations les plus urgentes. Du reste, la preuve nous en est fournie par un document que rédigea alors l'assemblée municipale : « La communauté, y est-il écrit, dit qu'il est d'un grand intérêt pour elle de trouver des secours pour la réparation, tant des rues du village, que pour les chemins d'entrée que les eaux ont entièrement dégradés et rendus impraticables (1).

L'Assistance publique

Pàlis était trop éloigné des routes fréquentées, pour être doté au moyen-âge d'un de ces hospices comme il s'en trouvait alors si souvént dans d'humbles villages situés sur les chemins que suivaient ordinairement les voyageurs.

Nous sommes cependant assez disposé à croire qu'au XII° siècle, ainsi qu'au XIII°, la grange des Pannetières servait d'asile aux pèlerins et aux malades épileptiques qui se rendaient au prieuré de Notre-Dame de Clairlieu, pour implorer leur guérison.

Cette grange devint, au commencement de 1151, la propriété de la Léproserie des Deux-Eaux (2) ; elle comprenait alors un bâtiment d'habitation, une chapelle et des dépendances. Il est fort probable qu'alors, le maitre de la Léproserie dut y installer quelques lits pour y recevoir les voyageurs, et que les religieux, établis à cet endroit, donnaient leurs soins aux personnes qui s'y arrêtaient.

Ce qui est en tous cas certain, c'est que le prieuré de Clairlieu était principalement destiné, au XVII° siècle, à venir en aide aux malheureux dont le nombre était assez grand, surtout depuis le mois de janvier jusqu'à la moisson.

(1) Archives de l'Aube : C. 1609.
(2) Harmand. Notice sur la Léproserie des Deux-Eaux.

Le sous-prieur de cet établissement recevait une somme
de 200 francs, pour subvenir à l'hospitalité des pèlerins et
50 francs étaient prélevés sur le revenu, pour être distri-
bués en aumône aux mendiants (1).

Il est à craindre, par suite de la mauvaise gestion des
prieurs, qu'au xviii⁰ siècle, Clairlieu ait perdu son rôle de
maison de charité. A cette époque, pourtant, plutôt qu'à
tout autre, un hospice eût été bien nécessaire, car la mendicité avait pris dans le pays des proportions vraiment
inquiétantes.

Pàlis comptait, en 1788, un assez grand nombre de
nécessiteux, dont plusieurs étaient des vieillards de 70 ans.

Le curé Dié s'émut de tant de misères et écrivit à l'Election de Troyes, pour obtenir des secours. Il se plaignait
que sa paroisse ne possédait aucun établissement pour soulager les pauvres, ni aucune fondation de charité (2). Déjà
en 1768, il avait demandé l'exemption des impôts, en
faveur d'un laboureur nommé Charles Roy, qui avait à
subvenir à l'entretien d'une famille composée de douze
enfants vivants.

Outre la mendicité, il y avait encore d'autres misères à
soulager, résultats de fléaux accidentels : tels que les incen-
dies, la grêle, les invasions.

L'Etat faisait son possible pour adoucir les souffrances
produites par ces catastrophes. Ainsi, le 18 mai 1697, les
récoltes du territoire de Pàlis ayant été complètement per-
dues par une très-forte grêle, les habitants adressèrent à
l'Intendant une pétition dans laquelle ils demandaient, pour
cette année-là, la remise de l'impôt, attendu, disaient-ils,
l'impossibilité où ils étaient de le payer à la suite des pertes

(1) Archives de l'Aube : G. 769.
(2)   id.   id.   C. 1609.

qu'ils venaient d'éprouver (1). Une expertise eut lieu et un dégrèvement fut prononcé sur les contributions.

En 1729, en plein jour, un incendie considérable éclata à Pâlis. Tous les habitants étaient occupés aux travaux des champs. En moins de deux heures, et sans que l'on pût apporter aucun secours, douze des principales maisons, comprenant treize ménages, furent entièrement consumées. Rien ne fut sauvé, à l'exception des bestiaux qui se trouvaient alors dans les champs. Aussitôt que le Conseiller du roi, élu en l'Élection de Troyes, eût connaissance de ce désastre, par la requête que lui adressèrent les habitants, il se rendit à Pâlis. Il convoqua, au son de la cloche, toute la population qui se réunit à l'endroit habituel, et il dressa procès-verbal des déclarations qui lui furent faites (1).

Nous ne savons pas quelle suite fut donnée à la demande de réduction de tailles que sollicitaient les sinistrés ; mais il y a lieu de croire qu'ils obtinrent ce qu'ils demandaient, en proportion de leur fortune. Le commissaire porte en effet dans son rapport, pour établir cette proportionnalité, le montant des contributions à la charge de chaque ménage, en regard de la perte subie.

En 1769, l'Élection de Troyes dut éprouver des pertes considérables dont la cause nous est inconnue, car le roi lui accorda une remise de 2,940 livres, dans la répartition de laquelle la communauté de Pâlis obtint 116 livres 2 sols (1).

Cette somme a été distribuée aux dix habitants les plus éprouvés.

Nulle part, nous ne voyons le seigneur de Pâlis venir au secours de la misère de ses vassaux. Il paraissait, au contraire, s'en soucier fort peu. Plus loin, nous verrons que lorsqu'il s'agissait de ses propres intérêts, il ne ménageait

(1) Archives de l'Aube : C. 1608.

guère « ses habitants » et se montrait beaucoup moins
réservé.

La Commune depuis 1789. — Les Maires

Nous avons précédemment parlé du régime représen-
tatif des municipalités substitué, en 1787, au régime démo-
cratique des assemblées générales. Ce système administratif
reçut sa consécration en 1789. Depuis lors, Pàlis a cessé
d'être une communauté ; il a eu son Conseil, général
d'abord, municipal ensuite, et son maire qui a remplacé le
syndic, sans avoir les attributions du juge-maire ; enfin, il
est devenu une commune.

A partir de 1793, les registres de l'état-civil furent retirés
au curé qui, depuis 1792 (an Ier de la République), les
tenait, du reste, sous le nom d'officier public et de Maire
de la commune de Pàlis. Dès lors, le prêtre n'occupa plus,
au village, de fonction administrative. Il est assez curieux
de voir le curé de Pàlis occuper jusqu'en floréal an II,
c'est-à-dire pendant environ deux ans, les fonctions de
maire (1) ; il est probable qu'en 1791, il avait été de ceux
qui prêtèrent serment à la constitution civile du clergé.

Les crises gouvernementales qui se produisirent après la
Révolution n'eurent aucune influence sur la commune qui ne
paraît pas en avoir jamais été troublée.

Voici quels furent, depuis 1792, les maires qui ont eu la
direction de l'administration du village :

An Ier-II. — Dié, Louis-Eustache, curé ;

An II-IV. — Charles Massu ;

An IV-VI. — Etienne Brasset ;

(1) Archives communales. Registres paroissiaux.

An VI-VIII. — Lupien Roy ;
An VIII-XIII. — Nicolas-Charles Portales ;
An XIII-1826. — Jean-Baptiste Vincent ;
1826-1838. — Charles-François-Isidore Gosse ;
1838-1859. — Médard Roy ;
1859-1865. — Alexis Maillard ;
1865-1866. — Jean-Baptiste-Adolphe Simonnot ;
1866-1870. — Edme Chantier ;
1870-1878. — Eugène Jeannerat ;
1878-1879. — Jules Guirot ;
1879-1881. — Elphége Fromont ;
1881. — Gérasime Carré, maire actuel ;

II. — L'École avant 1789 (1)

Nous n'avons pas pu savoir si la communauté de Pàlis possédait un instituteur, antérieurement au xviie siècle.

Cette lacune provient principalement de ce que les actes de l'état-civil d'avant 1636 n'existent plus ; nul doute que s'ils nous avaient été conservés, nous y eussions trouvé mentionné le nom d'un *Recteur des Écoles*, comme on disait alors, soit qu'il y fût comparu comme témoin, soit que c'eût été l'acte de décès de l'un d'eux.

En examinant les registres de l'état-civil qui nous restent, et qui sont conservés aux archives communales, nous

(1) Les renseignements qui nous ont servi de bases pour l'étude de ce chapitre, nous ont été presque entièrement fournis par M. Gruyer, instituteur. Nous ne saurions trop le remercier ici de l'empressement avec lequel il a bien voulu se mettre à notre disposition, pour nous aider à compléter le travail que nous avions entrepris. Nous avons aussi puisé de très-intéressants détails dans des notes manuscrites rédigées par un ancien instituteur, M. Fromont, à qui nous sommes heureux de témoigner aussi nos meilleurs remercîments.   P. M.

trouvons, en 1674, l'inscription du décès d'Etienne Marnot, le premier recteur des écoles que nous connaissions à Pâlis, mort le 14 septembre, à l'âge de 36 ans. — Un peu plus tard, en 1693, Jean Pouard est dénommé « maistre d'Escoles, maistre des petites écoles et recteur des petites escoles » ; il comparaît à plusieurs reprises en qualité de témoin des cérémonies religieuses.

Depuis lors, nous possédons la liste complète de tous les instituteurs qui se sont succédés dans la commune de Pâlis, ce sont :

Joseph Beaulieu.........	de 1711 à 1712
Nicolas Leclerc.........	de 1712 à 1728
François Bataillon.......	de 1728 à 1732
Jean Huguenot, dit Gallot.	de 1732 à 1768
Martin Courtois.........	de 1768 à 1783
Jean Benoît Massé.......	de 1783 à 1791
Louis-Simon Fromont....	de 1791 à 1799
Alexis Mony............	de 1799 à 1818
Abraham Bruley.........	de 1818 à 1851
Désiré Fromont.........	de 1851 à 1867

Et Marie-Hippolyte Gruyer, qui exerce encore actuellement depuis 1867.

Avant que la communauté de Pâlis ne fut dotée d'une maison d'école, les instituteurs donnaient l'instruction dans leur propre maison et rien n'indique qu'une allocation quelconque leur fut accordée à titre d'indemnité de logement.

C'est en 1769 que fut construite à Pâlis la première maison d'école, sur un emplacement acheté par la commune, moyennant 51 livres, le 25 septembre 1798.

De ce moment, l'instituteur fut logé dans cette maison qui n'avait alors qu'un rez-de-chaussée ; une salle seulement était réservée pour recevoir les enfants des deux sexes.

Ceux-ci, du reste, ne fréquentaient guère l'école que pendant trois mois de l'année, bien qu'elle restât ouverte pendant sept mois. Leur nombre, en 1788, variait entre 50 et 60. C'étaient en général des enfants de neuf à quatorze ans, que leurs parents envoyaient à l'école aussitôt qu'ils étaient assez forts pour se conduire, sans accident, à travers des chemins mal entretenus et quelquefois presque impraticables.

Quelle était, avant 1789, la rémunération de l'instituteur ? Elle était évidemment bien loin d'égaler le traitement actuel ; nous la trouvons inscrite, en 1788, sous le nom de *gages*, dans un compte de syndic (1) ; elle s'élevait alors à 150 livres par an, payées par le syndic de la paroisse et levées sur les parts usagères des biens communaux. Indépendamment de ce traitement, l'instituteur devait recevoir une rétribution scolaire en argent ou en nature. Il avait aussi le droit de placer, auprès du pressoir banal, une futaille vide, que chacun contribuait à remplir, suivant sa générosité ; enfin, il exerçait dans l'église certaines fonctions qui venaient augmenter ses modiques ressources.

En outre, on peut, à juste raison, supposer qu'alors déjà, l'instituteur cherchait, comme après la Révolution, à accroître encore ses moyens de subsistance en travaillant, après les heures de classe et pendant la classe même, à quelque métier manuel. Au temps de la moisson, époque à laquelle l'école était tout à fait vide, on aurait pu le voir aller de maison en maison, louer ses services et prendre part aux travaux des champs.

Pas un instant de repos, point de répit pour le pauvre instituteur dont le bagage littéraire n'était souvent guère plus riche que ses ressources pécuniaires. De son temps,

(1) Archives de l'Aube : C. 16.9.

néanmoins, c'était un savant qu'on allait souvent consulter et qui, grave et satisfait de sa supériorité, s'empressait de renseigner, aussi bien qu'il le pouvait, les braves gens qui s'adressaient à lui.

Aux enfants de l'école de Pàlis, il apprenait à lire, quelquefois dans des livres français, fréquemment aussi dans des recueils imprimés en latin. A ceux qui savaient lire, — nous pourrions bien ajouter sans comprendre ce qu'ils lisaient — il mettait entre les mains *la Civilité* et *le Catéchisme*, tous livres qui n'apprenaient pas à l'enfant la pratique, l'expérience de la vie quotidienne, qui ne lui donnaient pas l'explication de ce qu'il voyait autour de lui et le laissaient ainsi, à sa sortie de l'école, dans une ignorance presque aussi profonde que lors de son entrée. Lorsque l'enfant savait lire dans *la Civilité* et dans *le Catéchisme*, le maitre lui apprenait à écrire en lui faisant copier quelques passages des livres dont nous venons de citer les noms. Les quatre règles du « calcul » formaient, pour ainsi dire, le degré supérieur de l'instruction primaire, et bien rares étaient les élèves assez « distingués » pour pouvoir faire ce que l'on appelait les règles du *Grand Cent*.

L'enseignement alors était individuel; il ne devint simultané qu'en 1818.

Avant 1789, la communauté de Pàlis choisissait son instituteur et lui faisait signer un traité dans lequel étaient énoncées toutes les fonctions qu'il aurait à remplir, tous les devoirs de sa charge. Bien que nous n'ayions pu retrouver aucun de ces traités, leur existence est incontestable et nous est révélée par un compte de syndic de 1781 (1).

Sous le rapport des dons ou legs en faveur de l'instruction primaire, la communauté de Pàlis ne fut pas privi-

(1) Archives de l'Aube : C. 1609.

légiée. On ne trouve qu'un exemple de générosité de cette
nature ; nous nous garderons bien de le passer sous silence,
dans l'espoir que ce souvenir fera naître dans l'esprit de
certaines personnes l'idée de l'imiter. Il s'agit d'un don de
sept à huit arpents de terre, fait par un nommé Jacques
Vaillant à la fabrique, avec stipulation que le revenu serait
employé à faire instruire un certain nombre de jeunes
garçons indigents. Nous ignorons comment ont été obser-
vées les volontés du donateur, mais nous savons que les
biens faisant l'objet du don ont été confisqués et vendus
après les évènements de 1789.

L'Ecole depuis 1789

Après la Révolution, l'enseignement resta encore pendant
une période assez longue dans l'état rudimentaire où nous
venons de le voir. Pourtant, en 1830, on voulut réagir. Le
préfet du département de l'Aube ayant appris que l'école de
Pàlis était fermée pendant trois mois de l'année, manifesta
le désir qu'elle restât constamment ouverte. Mais, dans sa
délibération du 10 mai 1831 « le Conseil, après avoir mûre-
« ment réfléchi sur la proposition du préfet, a dit que quand
« bien même on voudrait astreindre l'instituteur à tenir
« son école ouverte toute l'année, cela serait absolument
« inutile et deviendrait même dispendieux pour la com-
« mune, puisqu'il faudrait augmenter son traitement ; que,
« pendant trois mois environ, les parents ayant besoin de
« leurs enfants pour les aider dans leurs travaux, ne les
« envoyaient point à l'école ; qu'ainsi donc, il pensait qu'il
« fallait laisser les choses dans l'état où elles sont. »

Néanmoins, en 1835, le nombre des élèves a dû augmenter,
car l'ancienne salle de classe, sans doute reconnue insuffi-

sante, fut agrandie et portée de 30 à 50 mètres superficiels ;
de plus, elle fut divisée, par une cloison, en deux parties :
l'une pour les garçons et l'autre pour les filles. Le logement
de l'instituteur fut amélioré ; un premier étage fut élevé sur
le rez-de-chaussée et les locaux affectés à la mairie y furent
installés. En 1859, de nouvelles dispositions furent prises et
la classe, qui ne comprenait plus que les garçons, devint
même insuffisante ; on en porta la superficie à 94 mètres
carrés.

Jusqu'à présent, nous n'avons parlé que de l'instituteur
et de l'école mixte. Ce ne fut qu'en 1840 que Pàlis eût une
institutrice, Mlle Victoire-Rosalie Imbert, qui exerça comme
institutrice libre jusqu'en 1845, sans que la commune lui
accordât quoi que ce soit. Mlle Elisabeth Piat, qui vint
ensuite, était également une institutrice privée ; mais la
commune préleva bientôt, sur ses revenus ordinaires, une
somme de deux cents francs qui lui fut allouée comme
traitement, avec cinquante francs à titre d'indemnité de
logement. Mlle Piat exerça jusqu'en 1852.

Elle eût pour successeurs :

Mlles Célina Costel..........	de 1852 à 1854
Cuisin...............	de 1854 à 1857
Mullet...............	de 1857 à 1858
Marot...............	de 1858 à 1859
Descaves	de 1859 à 1873
Mathilde Bergevin.....	de 1873 à 1875
Léopoldine Prieur.....	de 1875 à 1876
Marin...............	de 1876 à 1877
Marie Blet..........	de 1877 à 1880

Mme Marie Darce, veuve Dechance, exerce encore actuellement à Pàlis.

L'exiguité du local où jusqu'en 1852 avait eu lieu la
classe des filles et le nombre toujours croissant des élèves,

déterminèrent alors la commune à construire une maison d'école pour les filles. Un emprunt fut contracté à cet effet, qui fut remboursé en 1860, avec le produit du bois de la réserve. La classe avait 80 mètres superficiels, et un petit logement était réservé pour l'institutrice, dans le nouveau bâtiment qui s'élevait à l'angle nord-est de la place du village.

Nous venons de voir, en 1840, le nombre des enfants qui fréquentaient l'école, s'accroître d'une façon si subite, que la nécessité de séparer les sexes et d'avoir une institutrice s'imposa d'elle-même. Pour l'école des garçons surtout, l'accroissement fut extraordinairement rapide. Le pays était alors divisé en deux partis : l'un, qui tenait pour M. Bruley, instituteur communal ; et l'autre, qui favorisait M. Bondoux, instituteur privé ou libre. Il n'y avait pas un chef de famille qui ne fût pour l'un des deux et tous avaient à cœur de témoigner ouvertement de leurs sentiments et de leur sympathie, en envoyant leurs enfants à l'école du maître qu'ils préféraient. Il y eût, à cette époque, plus de cent vingt jeunes écoliers.

« La lutte, dit M. Fromont, ancien instituteur, aux notes duquel nous empruntons ces intéressants détails, a tourné au profit de l'instruction ; depuis, on a continué à envoyer plus régulièrement les enfants à l'école et de 1850 à 1859, il y avait, en hiver, jusqu'à 110 élèves dans la classe des garçons et autant dans celle des filles ; en été, ce chiffre ne descendait pas au-dessous de 50. En 1860, par suite de l'augmentation de la rétribution scolaire, le nombre des enfants qui allaient à l'école, n'a été que de 85 environ, en hiver, et de 38 en été.

« Espérons, ajoute M. Fromont, que par la suite, les parents se montreront moins récalcitrants et qu'ils verront enfin que l'argent qu'ils donnent pour l'instruction de leurs enfants est de l'argent placé à gros intérêts (1) ».

Aujourd'hui, nous avons le plaisir de constater que le vœu formé par l'ancien instituteur de Pàlis était, — bien avant que l'instruction ne fut, par la loi du 28 mars 1882, rendue obligatoire, — entièrement réalisé. Les enfants vont à l'école environ cinq ans plus tôt qu'avant 1789, et ils suivent tous les cours jusqu'à l'âge de 13 à 14 ans.

Depuis 1870, la durée annuelle de la tenue de l'école est de 11 mois.

En 1872, l'instituteur et l'institutrice recevaient chacun de la commune un traitement fixe de 200 francs, prélevés d'abord sur les centimes spéciaux de l'instruction primaire et ensuite sur les fonds disponibles. Actuellement (2), ce traitement fixe est de 1,400 francs pour le premier, et de 1,453 francs pour la deuxième ; il leur a été garanti pour l'avenir, par la loi du 28 mars 1882. La rétribution scolaire, jointe autrefois au fixe, constituait avec lui le traitement proprement dit. Elle a été supprimée dans ces dernières années et remplacée par une subvention de la commune.

L'instituteur, depuis 1869, remplit en outre les fonctions de secrétaire de mairie, ce qui lui vaut encore une petite rétribution. Jusqu'en 1877, il était aussi chantre à l'église et recevait, de ce chef, 50 francs auxquels s'ajoutait le *Casuel*. Mais depuis, une décision du Conseil municipal lui a interdit cette fonction peu en rapport avec sa situation, et pour compenser la perte qui pouvait résulter pour lui de cette interdiction, il lui a alloué une somme de 175 francs.

(1) Ces notes ont été écrites en 1860.
(2) Cette étude a été écrite en 1882 ; nous ne pensons pas que des changements soient survenus depuis dans le traitement de l'instituteur et de l'institutrice.

Puisque nous parlons de traitement, examinons quelles ont été les variations du taux de cette rétribution scolaire qui venait l'augmenter ou le diminuer, en raison du plus ou moins grand nombre d'enfants sur les bancs de l'école.

Cette espèce de contribution remonte déjà à une époque assez éloignée. Nous savons que, vers la fin de l'ancien régime, elle était, à Pâlis, de 0,25 c. par élève. Jusqu'en 1850, les parents la remettaient eux-mêmes à l'instituteur. Depuis, les percepteurs ont été chargés d'en faire le versement entre les mains des ayants-droit.

On pourra suivre sur le tableau ci-dessous les nombreuses variations des taux de cette rétribution, au village qui nous occupe :

ÉLÈVES	1818 à 1834	1834 à 1836	1836 à 1841	1841 à 1851	1851 (1)	1852 Janvier à Avril et Sept. à Déc.	1852 (1) Mai à Août	1853	1853 à 1859	1860 à 1865
Écriv. et calculant	0.50	0.60	0.50	0.80	0.80	0.80	0.55	0.80	0.80	1.25
Lisant	0.40	0.45	0.40	0.60	0.80	0.60	0.45	0.60	0.60	1.25
Épelant	0.30	0.35	0.30	0.60	0.80	0.60	0.45	0.60	0.60	1.25

D'après une décision du Conseil départemental de l'Instruction publique, prise en 1865, la rétribution devint ou mensuelle ou annuelle. Celle-là était de 1 fr. 50 pour les enfants au-dessous de sept ans, qui formaient la première catégorie, et 2 francs pour ceux de la deuxième, c'est-à-dire pour les enfants âgés de sept à treize ans. Quant aux élèves gratuits, le préfet fixait une rétribution mensuelle de 0,80 c. par mois de présence, que payait la commune.

(1) Une diminution de 0.15 était accordée pour chacun des frères ou sœurs qui fréquentaient l'école en même temps. Ainsi, tandis qu'un seul enfant payait 0.80, 2 frères ou sœurs ne payaient ensemble que 1.30 ou chacun 0.65.

La rétribution annuelle était une sorte d'abonnement consenti par les parents. Les enfants de la première catégorie payaient 10 francs et ceux de la deuxième, 12 francs ; il y avait une réduction de 2 francs sur l'abonnement d'un élève ayant déjà un aîné abonné.

On a pu voir, par ce qui précède, que la commune de Pàlis n'a pas hésité à faire les sacrifices nécessaires pour le développement de l'instruction, en construisant des maisons d'école et en les agrandissant à mesure des besoins.

En 1871, en pleine invasion, la municipalité ne négligea pas ses devoirs envers ses enfants. Elle prit une délibération qui l'honore, et par laquelle il fut décidé que, jusqu'à l'époque des vacances, l'instruction serait *gratuite* pour tous. Un traitement de 1,000 francs fut voté à l'instituteur ; l'institutrice eût 800 francs.

Dans ces dernières années, la commune de Pàlis s'est imposée extraordinairement et a réalisé un emprunt de 20,000 francs à la Caisse des écoles, pour subvenir aux frais de construction d'un hôtel de ville qui s'élève actuellement sur la principale place du village. L'Etat a participé dans les dépenses en allouant une subvention de 25,000 francs à la commune.

Cet édifice est construit en pierres et briques, sur les plans de M. Desportes, architecte à Nogent-sur-Seine. Il comprend un corps principal, dans lequel sont répartis les divers locaux affectés à la mairie, ainsi que les logements de l'instituteur et de l'institutrice, à droite et à gauche, dans deux pavillons attenant au principal bâtiment, sont les locaux destinés à l'école des garçons et à celle des filles. Tout cela est spacieux, bien éclairé et parfaitement distribué.

Nous n'entrerons pas dans le détail de cette distribution des bâtiments, notre but étant plutôt de faire un travail historique qu'une statistique.

Etat de l'Instruction à Pâlis

Antérieurement à 1827, nous n'avons aucun document précis qui puisse nous éclairer sur le degré d'instruction des habitants de Pàlis. Toutefois, en examinant attentivement un tableau de 1787 (1), dans lequel tous les contribuables de la communauté sont divisés en catégories et qui porte en regard de chaque nom une mention indiquant si les fonctions de collecteur ont déjà été remplies, nous avons remarqué que la plupart de ces noms sont accompagnés de la mention « incapable de faire collecte ».

On va voir, par les chiffres ci-après, quels progrès rapides a fait l'instruction dans le village de Pàlis depuis 1827.

PÉRIODES	Nombre de conscrits	Sachant lire et écrire	Ne sachant rien	Pour cent des illétrés
De 1827 à 1830.......	24	17	7	30 %
1830 à 1840.......	78	59	19	25
1840 à 1850.......	52	38	14	27
1850 à 1860.......	89	73	16	18
186) à 1870.......	143	133	10	7

De 1870 à 1880, le nombre des illettrés est encore bien plus faible ; nous regrettons de ne pas avoir de chiffres pour le préciser, mais nous sommes fondé à penser qu'il n'est guère que de un pour cent.

(1) Archives de l'Aube : C. 1609.

III. — La Paroisse

**L'Eglise. — Les Cloches. — Vocables. —
Fondations pieuses. — Le Cimetière**

Il est bien difficile d'assigner la date à laquelle la communauté eût son église. Tout ce que nous pouvons affirmer, c'est qu'elle existait au xii° siècle, comme l'attestent quelques débris d'architecture. Lors du passage des reîtres, en 1576, elle eût sans doute à souffrir de l'incendie ; mais, en 1648, elle tomba de vétusté. A quelle époque fut-elle rebâtie ? D'après M. Monchaussé, dont la courte notice sur Pàlis (1) est à peu près la reproduction de ce qu'en a dit Courtalon (2), ce ne serait qu'un siècle plus tard. Nous croyons que Pàlis ne resta pas si longtemps sans avoir d'Eglise ; car, en 1733, il est question de faire certaines réparations à l'édifice du culte (3) ce qui n'aurait évidemment pas eu lieu, s'il n'eût pas existé depuis un certain nombre d'années déjà. A cette époque, ses dimensions restreintes ne permettaient guère qu'aux deux tiers des habitants d'y pénétrer, pour assister aux offices, en sorte que beaucoup se trouvaient obligés de rester en plein air.

Toutes les réparations que nécessitait alors l'état des bâtiments de l'église se répartissaient entre la communauté et les décimateurs, de la manière suivante : ce qui concernait le chœur était pour deux tiers à la charge du prieur de Clairlieu et pour un tiers à la charge des chapelains de

(1) Cette notice fait partie d'un travail sur le canton de Marcilly-le-Hayer, reproduit dans l'*Annuaire de l'Aube* de l'année 1853.

(2) Bibliothèque de Troyes. — *Histoire de Villemaur*, par Courtalon, Ms. 2,254.

(3) Archives de l'Aube. C. 1609.

Saint-Nicolas d'Été et d'Hiver en l'église Saint-Pierre, de Troyes. Mais ils s'exonéraient de cette tâche en payant à titre d'abonnement, savoir : le premier, 64 livres, et les chapelains 32 livres en blé (1).

Quant au reste de l'édifice, c'est-à-dire la nef et le clocher qui surmontait le portail principal, il était entretenu aux frais de la communauté.

Après la Révolution, ce fut la commune qui dut veiller à la conservation de l'église tout entière. D'importantes réparations y furent faites en 1834 ; on construisit une tour et une toiture nouvelle. Le produit de la vente de la réserve servit à couvrir les frais occasionnés par ces travaux. Mais, pendant l'hiver de 1837, les matériaux, qui étaient de mauvaise qualité, ne purent résister à la rigueur de la saison et la tour s'écroula. Il n'en est resté que la base que l'on a surmonté d'un toit en forme de clocher.

Il ne paraît pas douteux que, du jour où Pàlis fut doté d'une église, celle-ci ne fut munie d'une cloche. Qu'eût-ce été, en effet, au Moyen-Age, qu'une église sans cet accessoire ? La cloche a joué partout, sous l'ancien régime, un rôle des plus importants, à la fois religieux et politique. C'était elle, à Pàlis comme ailleurs, qui appelait les fidèles à l'office divin ; elle, qui invitait les habitants à se rendre aux assemblées générales ; elle encore, que l'on employait à conjurer l'orage (2).

Vers le milieu du xviiie siècle, le clocher de Pàlis fut enrichi de trois cloches et d'une horloge. Peut-être, en 1778, leur arriva-t-il quelque accident ou furent-elles menacées d'être prises, car nous trouvons, dans le compte du syndic, une dépense de 327 livres pour refonte de la grosse

(1) Archives de l'Aube. G. 769.
(2) A. Babeau. — *Le village sous l'ancien régime.*

cloche de l'église, et une autre de 2 livres 8 sols, pour déterrement des cloches (1). On avait même fait venir le fondeur au village, pour qu'il exécutât sur place sa besogne ; on s'économisait ainsi quelques frais. La dépense du fondeur, le jour de la refonte au village, s'est élevée à 4 livres 10 sols ; tous ces frais incombaient à la communauté.

En 1794, au moment où, pour défendre la France menacée, la Convention faisait rechercher tout le bronze qui se pouvait trouver pour en faire des canons, on descendit les deux plus grosses cloches, afin de les envoyer, sous une autre forme, faire respecter notre frontière. Grâce à son petit volume, la troisième eût un rôle plus modeste et resta dans le clocher du village.

Enfin, en 1860, la commune se décida à lui donner une compagne. La nouvelle cloche, de dimensions plus grandes que l'ancienne, fut fondue à Metz ; son poids est de 646 kilos.

Actuellement, l'église de Pàlis s'élève sur l'emplacement de l'église primitive, à l'extrémité méridionale du pays. C'est un grand bâtiment, en forme de croix latine, sans aucun style architectural, dont le portail est tourné vers le couchant et est surmonté d'une tour à clocher percée à la naissance du toit de trois œils-de-bœuf. Elle ne possède pas de trésor. Le seul objet sacré, qui ait une certaine valeur, est un calice en argent ciselé, de forme ancienne. La coupe est évasée et tout unie ; le nœud est formé par trois têtes d'anges. Sous le pied, qui est découpé à jour, sont gravés ces mots : DONNÉ PAR Mʳ CLAVDE POTET PRIEVR DE CLAIRELIEV.

L'église de Pàlis a été instituée sous le vocable de saint Médard, patron titulaire ; le deuxième patron est saint Georges. « Ce dernier, dit M. Monchaussé, était surtout

____

(1) Archives de l'Aube. C. 1608.

invoqué contre les animaux atteints d'hydrophobie. Aussi, d'après la tradition, jamais, de mémoire d'homme, aucun animal enragé ne s'est montré dans le pays (1). »

De fondations pieuses, nous n'en connaissons qu'une. Ce fut Jacques Viguier II, de la cinquième race des seigneurs de Villemaur, et Marie de Mesgrigny, sa femme, qui en furent les auteurs. Elle remonte au commencement du xviie siècle, vers 1620 ou 1630. Elle consistait en une mission de l'oratoire, en la paroisse de Pâlis, dont le but n'est pas expliqué. Il nous semble néanmoins à peu près certain qu'elle avait pour objet d'entretenir dans le pays des prédicateurs de lO'ratoire de Troyes, pour ramener au culte catholique les protestants assez nombreux qui habitaient alors à Trichercy et probablement aussi à Pâlis, ou bien de détourner la population des idées religieuses nouvelles. D'autres villages voisins, vassaux aussi de la baronne de Villemaur, en furent du reste pareillement dotés à la même époque. En 1739, cette fondation fut réduite à une simple distribution de livres de piété ; enfin, en 1782, il n'en était plus du tout question (2).

Le cimetière, qui fait face à l'église et qui vient d'être agrandi, dans ces dernières années, du côté du Midi, doit être de date ancienne. Cependant, nous ne l'avons trouvé mentionné qu'une seule fois, dans un compte de syndic de 1778, époque à laquelle ses murs furent réparés suivant les conventions verbales faites à la porte de l'église (3).

En 1786, un arrêt du Parlement ordonna à la communauté de le transférer dans un autre endroit, probablement sur une demande de M. de Pâlis à la propriété duquel il

----

(1) M. Monchaussé tenait ce détail de M. l'abbé Labranche, ancien curé de Pâlis.

(2) Courtalon. *Histoire de Villemaur*. B. T. Ms. 2,251,

(3) Archives de l'Aube, C. 1609,

confinait. Les habitants demandèrent en vain à former opposition contre cet arrêt, alléguant qu'il ne pouvait résulter aucun inconvénient de la position qu'occupait alors le cimetière (1).

Les choses ayant traîné en longueur jusqu'à la veille de la Révolution, l'arrêt dont nous venons de parler ne fut jamais exécuté.

Le Curé. — La Fabrique

La paroisse de Pâlis, au xv⁰ siècle, possédait un petit bénéfice ; car lorsqu'en 1457, le pape ordonna la levée de décimes pour la défense de la foi contre les Turcs (*perfidos Turchos*), elle fut taxée à V sols (2), proportionnellement sans doute au revenu de son bénéfice qui était, en 1407, de 50 livres (3).

Le curé était *à la collation* de l'évêque de Troyes ; en d'autres termes, c'était l'évêque qui donnait l'institution canonique et nommait seul et de plein droit. Aussi, en 1737, quand « Maistre François Collot, baschelier en droit canon et civil, curé de l'église de Saint-Georges et Saint-Médard de Pâlis », voulut résigner son bénéfice pour permuter avec « Maistre François Bichat, curé de Saint-Martin-ès-Vignes-lès-Troyes et maistre-ès-arts en l'Université de Paris », dût-il le faire entre les mains de « Monseigneur l'Illustrissime et Révérendissime Evesque dud. Troyes (4) ».

Au xviii⁰ siècle, le curé de Pâlis desservait le prieuré de Clairlieu, duquel il recevait 50 livres.

(1) Archives de l'Aube, C 1609.
(2) Pouillé, n⁰ 1,114.
(3) A cette époque, la *livre* valait environ 50 francs de notre monnaie. Elle valait presque le double au xii⁰ siècle. Le *sol* ou sou valait, en 1407, environ 2 fr. 44.
(4) Archives de l'Aube. G. 769.

Au moyen Age et jusqu'à la Révolution, la vie civile était intimement liée à la vie religieuse. Rien pourtant, parmi les nombreux documents que nous avons eu à étudier, n'indique que le curé de Pâlis ait pris une part bien active aux assemblées de la communauté. Mais, s'il ne se mêlait pas, sur la place publique, aux délibérations des habitants, il n'en était pas moins un auxiliaire important de l'administration supérieure. Nous avons vu précédemment que c'était lui qui donnait lecture au prône des ordonnances, des règlements et des informations politiques de toute nature. La chaire ne servait pas seulement alors à donner l'instruction religieuse aux masses, elle était surtout un puissant moyen de publicité à une époque où beaucoup de gens n'auraient pas su lire les placards apposés sur les murs du village. C'est ce qui explique, sinon l'obligation à laquelle chacun était soumis d'assister aux offices, du moins l'utilité évidente qu'il y avait alors à n'y pas manquer. Nous avons également vu le prêtre faire partie de droit, en 1787, du Conseil des notables et y tenir la deuxième place, après le seigneur. Dans l'église, il avait des honneurs spéciaux à rendre à ce dernier et dont nous parlerons quand nous en serons aux droits seigneuriaux. C'était aussi à lui qu'était confiée la tenue des registres paroissiaux (1); mais ils contenaient de grandes lacunes et les décès, comme les naissances et les mariages, étaient loin d'y être régulièrement inscrits.

Le curé ne paraît pas avoir vécu en trop mauvaise intelligence avec les habitants de Pâlis. A la fin du xviii⁰ siècle surtout, c'est lui qui prend l'initiative de nombreuses œuvres de charité, en faisant appel à la générosité et à la justice de l'intendant. En 1739 seulement, le curé avait eu

____

(1) On appelait ainsi les registres de l'état-civil.

un petit différend avec ses paroissiens, au sujet de réparations à faire au presbytère, qui était, dit-il dans ses défenses, une vieille masure, c'est-à-dire une vraie prison (1); Enfin l'affaire se termina comme le jugement de Salomon ; On convint que les frais des travaux de réfection seraient payés, partie par le curé et le surplus par les habitants ; ceux-ci se sont même imposés, à cet effet, de 40 sols par ménage.

Toutefois, si vers 1788, celui-ci donnait l'exemple de la charité, il y en avait eu d'autres à Pâlis, au xv⁰ siècle notamment, qui n'avaient pas toujours pratiqué des mœurs aussi austères que celles que réclamaient leurs fonctions sacerdotales. En 1403, on apprit à l'évêché que le curé de Pâlis entretenait une concubine chez lui et on lui infligea, pour ce fait, une amende de 15 sols (2).

Au point de vue du culte, Pâlis a toujours appartenu au culte catholique, quoique les idées luthériennes s'y fussent introduites, mais sans grand succès. Au moment de la Révolution, le culte fut aboli et ne fut rétabli qu'en 1803. Ce fut alors le citoyen abbé Noir de Villemaur, qui fut nommé desservant à Pâlis. Il entra en fonctions le jour de l'Ascension et donna sa démission au bout de six mois d'exercice (3).

L'ancienne paroisse de Pâlis possédait-elle des marguilliers ? Nous n'avons trouvé trace de cette institution, sous l'ancien régime, qu'à la fin du xvii⁰ siècle (4). Pourtant, il est à présumer que dans les questions importantes, les marguillers s'abstenaient de se prononcer, car des assemblées publiques se tenaient devant l'église, pour discuter les principales affaires qui concernaient cet édifice et la

(1) Archives de l'Aube. G. 253.
(2) Archives de l'Aube. E. 541.
(3) Archives de l'Aube. C. 1609.
(4) Archives de l'Aube. Registre d'admodiation 233 (année 1692).

fabrique. Ainsi, à propos des difficultés survenues entre le curé et les habitants, et dont nous avons dit un mot plus haut, il est écrit dans une pièce judiciaire « que les habitants « ayant horreur, comme M⁰ Bichat, de voir que le plus « misérable était mieux logé que le curé, se sont, les uns « et les autres, prévenus, et ils ont avisé ensemble pour « savoir ce que l'on pouvait faire pour rendre le presbytère « tant soit peu commode. » Comme il s'agissait là d'une grosse réparation, les habitants réunis décidèrent, comme on l'a vu déjà, d'y contribuer avec le curé. Mais la réunion étant, suivant l'habitude, pleine de confusion, on ne put s'entendre sur le devis et les marchés, en sorte que quatre habitants furent choisis pour faire ce règlement à l'amiable.

Une fois prises, les décisions étaient affichées à la porte de l'église ainsi que les conventions passées avec les ouvriers chargés des réparations.

Au xviiiᵉ siècle, la fabrique de Pàlis possédait 44 arpents de terre environ, et 60 cordes de pré, d'un revenu total de 70 livres (1776) (1). Précédemment, en 1692, les gros décimateurs payaient chaque année, de leur jouissance, deux setiers de grains à la fabrique, pour les réparations à faire à l'église (2).

Les Dîmes. — Les Décimateurs. — La Portion congrue (3)

Nous connaissons presque complètement ce qui concer-nait le paiement de la dîme, de ce droit vexatoire, fort heu-reusement disparu avec l'ancien régime qui l'avait si long-temps favorisé. Ce n'est pas un des chapitres les moins intéressants de l'histoire de Pàlis.

(1) Archives de l'Aube. C. 1698.
(2) Archives de l'Aube. Registre d'admodiation 233.
(3)   id.   id.   G. 769.

Les habitants payaient deux sortes de dîmes : l'une, qui était due aux seigneurs et l'autre aux décimateurs. C'est de cette dernière seulement que nous allons parler dans ce chapitre.

On a pu voir précédemment que le revenu du bénéfice de la cure de Pâlis n'était pas, au xvᵉ siècle, très-considérable. Au xviiⁱᵉ siècle, quoiqu'il fût devenu plus important, il était encore loin d'égaler celui des gros décimateurs qui ne résidaient pas au pays et s'appropriaient, malgré cela, en vertu du droit du plus fort, la plus grosse portion.

De tout temps, les décimateurs de la paroisse de Pâlis, mais pour les grains seulement, étaient : le prieur de Clairlieu, qui percevait les dîmes deux années sur trois, et les chapelains de la chapelle de Saint-Nicolas d'été et d'hiver en l'église Saint-Pierre de Troyes, à qui appartenaient les dîmes la troisième année (1).

C'étaient les *gros décimateurs.*

Ils devaient payer au curé de Pâlis une pension qui s'appelait *portion congrue.* Elle consistait : en un *gros* (2), en grains de différentes espèces, s'élevant à 26 grands setiers par quart, mesure de Troyes, plus un *muid* de grain pour les *novales* (3), à la charge du prieur chaque année qu'il était décimateur.

Quand ce sont les chapelains qui perçoivent les dîmes, le curé reçoit, en outre, 2 setiers de grain par quart pour ses novales, ce qui fait, pour chaque année, un peu plus de deux boisseaux et demi par chaque espèce de grain (froment, orge, seigle, avoine) à la charge des chapelains.

<hr>

(1) Archives de l'Aube : G. 769 — Carton 3 H 142/19 cote A — Carton 45 II.

(2) On appelait ainsi une portion du revenu que touchait le curé, par opposition au casuel et autres distributions éventuelles. (Chéruel.)

(3) C'était la dîme sur les terres nouvellement mises en culture après avoir été défrichées.

Le curé était lui-même décimateur, mais seulement pour le vin et ce au vingt et unième, c'est-à-dire qu'il ne percevait la dîme sur le vin qu'à la vingt et unième hottée. Il avait aussi les *menues et vertes dîmes* perçues sur les prés, les chenevières, les volailles, etc.

En résumé, à la fin du xviie siècle, le revenu total de la cure de Pàlis peut être évalué à 505 livres (1).

A la fin du xviiie siècle, en 1781, il consistait chaque année en :

104 boisseaux de froment à 2 l. 3 s. : 234 l.

104 boisseaux d'orge à 1 l. : 104 l.

136 boisseaux de seigle à 1 l. 5 s. : 170 l.

136 boisseaux d'avoine à 15 s. : 102 l.

Plus 2 boisseaux 1/2 de chacun des mêmes grain : 11 l. 32 d. 8 s.

Les menues et vertes dîmes étaient louées 220 l.

Et la dîme sur les vignes rapportait environ 60 l.

En sorte que le revenu total pouvait être estimé à environ 900 livres (2).

Mais, depuis plusieurs années, le revenu de la cure, en vin, avait fort notablement diminué, comme le constate le curé lui-même sans trop d'amertume, nous devons le reconnaitre. Avant 1745, en effet, il dépassait le revenu du gros en grain, « et aujourd'hui le gros n'a pas augmenté et la dîme du vin est devenue presque à rien. » Cela tient à ce que les habitants, pour se soustraire au droit de banalité du pressoir, ont, depuis cette époque, arraché leurs vignes pour les planter sur un territoire où le curé n'était pas décimateur.

Le curé de Pàlis n'était pas, néanmoins, des plus mal

____

(1) Archives de l'Aube : Registre d'admodiations 233.

(2) Archives de l'Aube : C. 1609. — En 1781, la livre monnaie ne valait guère que notre franc.

partagés. Son revenu suffisait amplement à ses besoins, alors que tant d'autres n'avaient pas de quoi pourvoir à leur subsistance. On était déjà loin de l'époque où, avec 50 livres, il fallait vivre et où, à la mort du curé, ses héritiers n'ayant pas droit à son lit, l'évêque se l'appropriait pour le vendre, ce qui eût lieu, en 1427, pour celui de feu Jéhan Regnault, curé de Pâlis (1).

Nous allons terminer ce chapitre de l'histoire religieuse en donnant la liste des curés que nous connaissons et qui ont été chargés de l'administration de la paroisse. Jusqu'en 1803, les dates qui accompagnent ces noms sont celles des pièces sur lesquelles nous les avons trouvés :

1427. — Jehan Regnault.
1638. — Joly.
1640. — Varrols. (?)
1641. — Vebat. (?)
1647. — Sebastien.
1652. — Robert Doué.
1658. — Estienne Thierry.
1681. — Vincent,
1683. — Bernard Sauin.
1720. — Léonard Lecoin'e.
1724. — Nicolas-François Collot.
1737. — François Bichat.
1746. — Prévost.
1752. — Huot.
1756. — Dié (Louis-Eustache).
1803. — Noir.
1804-1808. — Chevance (2).

(1) Archives de l'Aube : G. 317 (Registre).
(2) A partir de 1804, la liste des curés se trouve à l'évêché de Troyes.

1808-1814. — Fanon.
1814-1823. — Flahaut (Jean-Charles).
1823-1829. — Lecler (Edme-Alexis,.
1829-1837. — Aviat (Germain-Nicolas).
1837-1842. — Simonnot (Pierre-Urbain).
1842-1846. — Guichard (Paul-Joachim).
1846-1851. — Labranche (Camille).
1851-1870. — Pioley (Jean-Baptiste'.
1870-1871. — Taverdon (P. jésuite).
1871-1876. — Garnier (Alphonse).
Depuis. — Pétel (Nicolas-Auguste).

IV. — Le Chateau.

Le Château de Pâlis et sa Bibliothèque.

De très bonne heure, Pàlis eut une maison seigneuriale, un château. Le mot est peut-être quelque peu prétentieux, car ce n'était qu'une construction bien ordinaire au moment de la Révolution, comparée aux fastueuses résidences de Villacerf et de la Chapelle-Godefroy.

Ce château a dû subir plusieurs transformations. La dernière que nous puissions enregistrer eut lieu en 1780. M. Desmarets fit démolir les anciens bâtiments et édifier à leur place une construction comprenant un pavillon et deux corps de logis. Tout ne se passa pas sans encombre pendant ces travaux ; du reste, comment en eût-il été autrement avec l'esprit tracassier de M. Desmarets ? Il y eût un procès avec l'architecte Milony, procès que le seigneur de Pàlis perdit. Il se plaignait que les travaux n'eussent pas été menés assez rapidement ; qu'une fois la charpente du toit établie, des lézardes se fussent produites qui nécessitèrent de grandes dépenses ; enfin que l'architecte avait si mal surveillé sa besogne que lorsqu'on voulut poser l'escalier à l'endroit où il devait être, il se trouva un pied et demi trop long. Pour tous ces motifs, il refusait de payer au sieur Milony les honoraires que ce dernier réclamait (1).

En 1734, la maison d'habitation comprenait : un gros corps de logis avec un pavillon à chaque bout ; dans la cour, devant la maison, se trouvaient un colombier à pied et les pressoirs banaux. Derrière, s'étendait un jardin. La basse-cour était séparée de la cour ; elle consistait en deux petites maisons, une grange, des écuries et des étables, dans lesquelles, en 1792, se trouvaient 8 chevaux, 7 vaches, 130 moutons et 30 paires de pigeons. Le tout était enclos de murs et de fossés bordés d'une haie vive et comprenait 9 arpents environ (2).

De plus, il y avait de très grandes dépendances attenant au château, car tout le terrain qui s'étend aujourd'hui, de l'emplacement de l'ancien château jusqu'aux bois dits Bois-Maraut, était la propriété du seigneur de Pàlis, sans compter 610 arpents situés en diverses contrées.

En outre, il avait les droits seigneuriaux évalués à 50,500 livres de capital.

Le château de Pàlis n'était habité que pendant certaines saisons par la famille Desmarets ; sa résidence habituelle était soit à Paris, où elle possédait un hôtel, rue de Jouy, soit au château de Chardogne, près Bar-le-Duc.

Nous pouvons heureusement, grâce aux nombreux documents qui existent aux archives départementales (3), reconstituer l'intérieur du château de Pàlis et la précieuse bibliothèque qu'il renfermait.

(1) Archives de l'Aube : E. 198.
(2) Archives de l'Aube : E. 198.
(3) Archives de l'Aube : 4 Q. 29.

Ce travail nous sera encore facilité par la savante monographie de M. Albert Babeau (1), à laquelle nous nous permettrons de faire quelques emprunts, l'auteur ne nous ayant rien laissé à découvrir de nouveau après lui sur cet intéressant sujet.

« L'intérieur, dit M. Babeau, était meublé avec simpli-
« cité, mais le confortable n'y faisait pas défaut. De nom-
« breuses chambres à coucher, où l'on pouvait remarquer
« des lits garnis en étoffe de camelot sur soie, se trouvaient
« au premier étage. Au rez-de-chaussée était une salle de
« bains. Les deux seules pièces importantes de la maison
« étaient le salon et la bibliothèque. Le salon était vaste ;
« il renfermait vingt fauteuils couverts de tricot sur soie
« que garantissaient des housses en siamoise. La pièce qui
« renfermait la bibliothèque était garnie de meubles anciens
« tels qu'un « secrétaire à l'antique » et « une vieille pen-
« dule. » Les murs étaient tendus de vieille étoffe de soie
« rayée vert et rouge. Un tableau représentant la Passion
« de Notre-Seigneur en ornait un panneau. Les livres étaient
« rangés sur dix-huit tablettes et dans deux armoires. »

Lorsqu'en 1792 (an II de la République), la Convention eut décidé la vente des biens des émigrés, les commissaires du département de l'Aube se rendirent le 22 décembre à Pàlis pour saisir les papiers du sieur Desmarets. Ils dressèrent procès-verbal de leur visite dans les termes suivants, auxquels nous conservons leur caractère d'originalité :

« Nous soussignés, commissaires nommés par le conseil
« général du département de l'Aube pour l'inspection des
« objets qui peuvent intéresser les arts et les sciences, cer-

______

(1) Albert Babeau : Le château de Pàlis et sa bibliothèque. (N° 2373, Bibl de Troyes.)

« tifions qu'en vertu de notre mission, nous nous sommes
« transportés aujourd'huy 22 décembre 1792 à la maison
« des marais de M. de Palys à Palys, qu'après avoir ré-
« clamé la présence de deux officiers municipaux de Palys
« et celle du gardien des meubles de lad. maison, nous
« avons parcouru tous les appartements où nous n'avons
« remarqué qu'un seul tableau représentant le Jugement
« de J.-C. qu'on nous avoit annoncé devoir fixer notre
« attention : nous l'avons jugé trop mal peint pour figurer
« honorablement au musée projetté, et un petit Amour que
« nous réservons. Le cabinet de M. de Palys renferme une
« bibliothèque que nous avons examiné avec autant d'at-
« tention qu'il nous a été possible. Il résulte de cet examen
« général que tous les ouvrages qui composent cette biblio-
« thèque sont presque tous très précieux, tant par le choix
« sévère des bonnes éditions que par la nature des auteurs
« et des sciences qu'ils ont traités ; que le département ne
« peut abandonner un monument aussi précieux dans sa
« totalité, qu'il y a cinquante-sept manuscrits qui ont trait
« pour la pluspart à l'histoire de la Champagne et du cy-
« devant dioceze de Troyes. En conséquence nous avons ré-
« servé la conservation de cette bibliothèque pour être trans-
« férée à Troyes lorsqu'il en sera tems. Et donnée copie du
« présent procès verbal fait à Palys, etc. (1). »

Un catalogue très abrégé, dressé par le commissaire Leloir, nous donne une idée des richesses manuscrites que
contenait cette bibliothèque. Elle renfermait aussi une
collection importante de livres classiques, imprimés au
xvie siècle et au commencement du xviie. Parmi ces derniers ouvrages, on remarquait « une édition de *Ronsard*
« de 1623, regardée, dit M. Babeau, comme l'édition la

____

(1) Archives de l'Aube : I Q. 29.

« plus complète des œuvres de ce poète ; un exemplaire
« des *Illustrations de Gaule et singularités de Troyes*, de
« Lemaire de Belges, qui est datée de 1549, et qui pourrait
« bien être de 1509, date de la première édition ; la tra-
« duction des *Métamorphoses d'Ovide*, imprimée à Paris
« en 1543, les *Œuvres de Plutarque*, traduites par Amyot,
« en quatre volumes in-folio. »

Quant aux manuscrits, ils auraient dû être catalogués
avec le plus grand soin, mais le commissaire Leloir, qui
trouvait sans doute fastidieux le travail dont il était chargé,
se borna à en faire une description en bloc d'après la couleur et la nature de la couverture ; ce moyen, tout en étant
plus expéditif, évitait aussi les chances d'erreur dans la
désignation des volumes d'après leurs titres. Toutefois, à sa
description du nombre des manuscrits et de leur couverture, il ajoute fort à propos : « Iceux manuscrits concernant la ville de Troyes, comté de Champagne, plusieurs
histoires y relatives et ouvrages de droict. »

Ce qui faisait encore la valeur de cette précieuse bibliothèque, c'est qu'elle avait appartenu, du moins en grande
partie, aux frères Pithou, à ces illustres Troyens qui tenaient
alors une si vaste place dans les lettres françaises et furent
les fondateurs du Collège de Troyes. C'était à Claude Desmarets, père du premier seigneur de Pâlis de ce nom, que
toutes ces richesses littéraires étaient échues, à la mort
d'Antoine Allen, son beau-père, qui lui-même les avait re-
cueillies dans la succession de son ami François Pithou.
Plus tard, François Desmarets les augmenta des livres que
lui légua, en 1687, le neveu des Pithou (1).

Que devint par la suite cette remarquable collection ?

____

(1) Archives de l'Aube : E. 186. — Copie du testament de François
Pithou.

Nous la perdons complètement de vue après son transport en 1793, au district de Nogent-sur-Seine. Peut-être les livres qui la composaient furent-ils compris dans une vente de 2,000 volumes faite à Nogent le 9 frimaire an IX (30 novembre 1805), puis dispersés entre les mains d'ignorants propriétaires (1).

Nous nous associons au vœu formé par M. Babeau, que quelques épaves viennent rejoindre à la bibliothèque de Troyes les manuscrits que Pithou avait laissés à l'Oratoire et qu'elle a recueillis.

Le château de Pàlis a subi le sort de sa bibliothèque. Il fut vendu le 4 novembre 1793, ainsi que ses dépendances, qui furent morcellées. Aujourd'hui, il ne reste plus debout qu'une remise et un pavillon. Les canons que signale M. Babeau comme étant des débris ayant appartenu au château, ont également disparu. Nous ignorons absolument du reste quel en pouvait être l'usage.

Les seigneurs. — Principales maisons seigneuriales. Détails généalogiques.

Les documents les plus anciens que nous possédions relativement à la seigneurie de Pàlis datent du XIIe siècle. A cette époque, la terre de Pàlis était partagée entre plusieurs seigneurs ou feudataires dont quelques-uns relevaient de la châtellenie de Villemaur; mais les maisons de Trainel (2) et de Mailly en possédaient en fief la plus grande partie; cette dernière sous la suzeraineté des seigneurs de Plancy (3).

(1) Harmant. Notice sur la Bibliothèque de Troyes, dans les Mémoires de la Société d'agriculture de l'Aube : années 1842-43, II, 1re série.

(2) Les armes de cette maison étaient : *de vair plein.* — Roserot : Armorial du département de l'Aube, 782.

(3) Lettre dou don de la terre de Paleiz (1180). — Cartulaire de l'abbaye du Paraclet, reproduit par M. l'abbé Lalore.

Il serait assez difficile d'établir rigoureusement la suite de
ces premiers seigneurs, à cause de l'obscurité qui règne sur
cette partie de l'histoire de Pâlis. Cependant Courtalon, dans
son *Histoire de Villemaur*, nous a laissé à ce sujet de précieux renseignements dont nous n'avons toutefois fait usage
qu'après les avoir sérieusement examinés. Ainsi, il cite un
certain Henri de Baaçon, chevalier, qui, avant de partir
pour la croisade contre les Albigeois (1208), donna aux
moines de Saint-Flavit (1) une *osche* ou acein à Pâlis, où il
avait la justice qu'il se réserva. Puis un certain Guichard de
Crémone qui fit hommage au suzerain de Villemaur pour sa
terre de « Paslys », qu'il déclara avoir changée pour sa
terre de Vulaines. Enfin, le même historien cite encore la
dame Félix de Chaumery et Geoffroy (probablement Gaude-
fride de Pale dont il est parlé dans une bulle du pape
Adrien IV de 1157), fils de la demoiselle de Chauménil, qui
étaient liges de Villemaur pour ce qu'ils tenaient à Pâlis.
A la fin du xiiᵉ siècle, il est encore question dans une charte
de 1199 d'un certain Jean de Pâlis qui possédait la maison
seigneuriale.

Quant aux seigneurs de Traînel, propriétaires de la terre
de Pâlis, le plus ancien d'entre eux que nous connaissions
est Hugues de Plancy, marié à Elisabeth de Traînel, fille
d'Anseau, dit l'Ancien, et d'Hélissende, sa femme. Son
nom nous est révélé dans une charte de 1189, par laquelle
Gilon, seigneur de Plancy, fait savoir que Hugues, son père,
et Elisabeth, sa mère, ont donné à Caprarie, religieuse du
Paraclet, sa sœur, la terre de Pâlis à posséder après la

(1) Le culte de Saint-Flavit devait alors être assez répandu dans le
pays ; il subsiste encore aujourd'hui des traditions curieuses à ce sujet.
Le fameux polissoir dit *la Pierre à dix doigts*, situé sur Villemaur,
aurait été, dit-on, un lieu de repos pour saint Flavit, qui y imprima les
dix marques qui s'y trouvent en y posant la main, etc , etc.

mort d'Elisabeth ; mais avec stipulation que celui des héritiers de Mailly qui occuperait la susdite terre serait son homme-lige ainsi qu'à ses héritiers (1).

La terre appartint ensuite à Sébille, dame de Traînel, veuve d'Anseau IV, dit le Gros, seigneur de Traînel en 1222, qui la tenait de la dame et des héritiers de Mailly ; puis elle passa entre les mains de Henri Ier de Villeneuve-aux-Riches-Hommes, leur fils, qui la vendit au mois de mai 1248 au comte Thibault IV de Champagne, moyennant 140 livres (2).

Le fief de Pâlis subit-il par la suite le sort du comté de Champagne et fut-il, comme lui, réuni à la couronne de France par le mariege du roi Philippe le Bel avec Jeanne de Navarre, l'héritière de cette province? Aucun document ne vient faire la lumière sur ce point. Toujours est-il que, vers la fin du xiiie siècle, Pâlis avait toujours son seigneur qui relevait de la châtellenie de Villemaur, mouvante du roi. C'était alors un nommé Jean Hérasse de Mailly, dont le nom nous est parvenu par des lettres de 1279, concernant le bornage des seigneuries de Pâlis et de Planty (3).

Au commencement du xive siècle, la terre était presque en entier entre les mains de Hugues de Mailly, premier du nom (4). Hugues II est dénommé en 1328 seul seigneur propriétaire de ce domaine et vassal de Villemaur. Celui-ci réunit à sa terre le fief de Trichercy, dont nous parlerons plus loin (5).

A cette époque, la terre de Pâlis, qui était *mouvante* pour le tout de Villemaur, passa par confiscation au duc de

(1) Lalore. Cartulaire du Paraclet.
(2) Catalogue des actes des comtes de Champagne, nᵒˢ 2833 à 2835.
(3) Archives de l'Aube : G. 3130.
(4) Courtalon : Histoire de Villemaur. Ms. 2254.
(5) Archives de l'Aube : E. 511 (pièce relative à la propriété de la seigneurie de Pâlis), et Histoire de Villemaur.

Bourgogne, Eudes IV, qui n'en garda que la moitié (1).

Ce prince donna l'autre moitié par indivis à Jean de Jaucourt, seigneur de Dinteville, en 1348, moyennant 80 livres 8 sols obole (1). Cependant Jehane de Traînel, dame de la Malmaison en Brie et de Pâlis en partie, veuve du seigneur de Mailly et remariée à Pierre de Janville, tint, en qualité de douairière jusqu'à sa mort, arrivée en 1377, la moitié que s'était réservée le duc de Bourgogne (1).

Vers 1350, à la mort du duc de Bourgogne, Philippe de Rouvre, son petit-fils et héritier, pour terminer les difficultés qui avaient existé entre sa grand'mère et sa tante, Marguerite de France, comtesse de Flandres, fit don à cette dernière de 4,000 livres de rentes à asseoir par moitié sur des terres d'Artois et de Champagne.

Parmi ces dernières, se trouve la moitié du fief de Pâlis (2). Aussi, en 1361 et 1362, voyons-nous Jean de Dinteville et Jehane de Traînel, faire hommage à leur suzeraine pour ce qu'ils possédaient à Pâlis (3).

Dès lors, cette terre ne va plus cesser d'être partagée entre deux seigneurs : d'une part, les seigneurs châtelains de Villemaur, qui possédaient par indivis la moitié du fief de Pâlis, et, d'autre part, les représentants de Jean de Dinteville, qui étaient vassaux des seigneurs de Villemaur.

Jaquot de Broutières fut le premier des successeurs de Jean de Dinteville, par suite de l'acquisition qu'il fit, vers 1371, de la moitié possédée par ce dernier (4). Nicolas de Broutières eut aussi conjointement avec lui une portion de ce fief qui n'est pas déterminée (5).

---

(1) Archives de l'Aube : E. 541.

(2) Prisée de 1350 à la suite de celle de 1328, copie du XVI⁰ siècle appartenant à M. le duc d'Estissac.

(3) Archives de l'Aube : E. 198. (Aveux.)

(4) Courtalon : Histoire de Villemaur.

(5) Inv. de Nevers, III, 2366. Bibliothèque nationale, Mss.

Après Marguerite de France (1382), le duché de Bourgogne se trouva reconstitué au profit du fils de Jean le Bon, Philippe le Hardi, qui avait épousé Marguerite de Flandre, duchesse de Bourgogne; celui-ci redevint donc possesseur de la terre de Villemaur. Il eut, par suite, pour vassal à Pâlis « Jehan de Broutières, escuier, fils de noble home Jacquot de Broutières, escuier, et de damoiselle Ysabel de Rouvroy (1391) (1). »

Cette dernière épousa en secondes nœces un certain Humbelot de Chastenoy ou Chastenay, qui paraît avoir eu le titre de seigneur de Pàlis, concurremment avec Jean de Broutières (1382-1404) (2), à la mort duquel il se trouva sans doute seul possesseur de la terre.

Pendant le xvᵉ siècle, ce furent les maisons de Bourgogne et d'Albret qui eurent la suzeraineté de la moitié de Pàlis, comme possédant la châtellenie de Villemaur (3).

Nous perdons de vue, pendant toute cette même période, les seigneurs proprement dits de Pâlis, à l'exception d'un certain Humbelot Levraige, que nous signale un registre de compte de l'Évêché de Troyes, de l'année 1411 (4).

Le premier que nous rencontrions ensuite est Nicolas Le Muet (5), mort en 1503. Courtalon, dans son Histoire de Villemaur, nous apprend que ce dernier était aussi seigneur

(1) Archives de l'Aube : E. 198. — Inv. de Nevers, III, 2196. Bibliothèque nationale, Mss.

(2) Bibliothèque nationale. Inv. de Nevers, III, 2366. — Côte-d'Or : B. 3877.

(3) Nous n'avons pas cru devoir rappeler ici les noms des seigneurs de Villemaur, possesseurs pour moitié de la terre de Pàlis, parce qu'ils n'ont joué aucun autre rôle que celui de suzerains désintéressés, et que l'énumération en serait trop longue. On la trouvera dans la notice historique sur Villemaur, par M. Roserot.

(4) Archives de l'Aube : G. 359.

(5) Les armes de cette famille étaient : *de gueules à une licorne assise d'argent, accompagnée de trois étoiles d'or, une en chef et une en pointe.* — Roserot : Armorial.

de Brantigny et qu'il avait épousé Catherine Le Boucherat, de laquelle il eut une fille nommée Marguerite. Celle-ci, par son mariage avec Louis Boucher, seigneur de Vertron, porta la terre de Pâlis dans cette dernière famille, vers 1503 (1).

Du mariage de Louis Boucher avec Marguerite Le Muet naquit Guillaume Boucher, plus tard licencié ès-lois, élu sur le fait des aides en l'Élection de Sens en 1525, et lieutenant général au Présidial de Sens. C'est lui qui commence la branche des Boucher, seigneurs de Pâlis. Il épousa Eugénie Nugaut. Par un arrêt du 6 juillet 1525, entérinant des Lettres royaux de 1522, la Cour des aides ordonna que Guillaume Boucher jouirait « des exemptions et privilèges de noblesse, nonobstant son état d'avocat, attendu qu'il était noble et issu de noble race du côté paternel et maternel. » En 1534, il dut rendre l'*hommage solennel* à son suzerain Henri de Foix, seigneur de Villemaur (1529-1540) (2).

A la mort de Guillaume Boucher, sa femme eut la *garde-noble* de ses trois enfants : Marguerite, Jeanne et Michel Boucher. Par suite de leur état de minorité, Guy, comte de Laval, et demoiselle Claude de Foix, châtelains de Villemaur (1540-1549), donnèrent, en 1542, au procureur de la mère des mineurs, des *Lettres de souffrance* (3) pour faire les foi et hommage de la seigneurie de Pâlis qui leur était échue par la mort de leur père.

Ce fut Michel Boucher Ier qui devint alors seigneur de Pâlis. Il était, en outre, conseiller et magistrat au Présidial

---

(1) Généalogie de M. de Caumartin, intendant de Champagne (Bibliothèque de Troyes). Voir au titre Boucher.

(2) Archives de l'Aube : E. 485.

(3) La lettre de souffrance était une autorisation donnée par le suzerain à son vassal de surseoir pendant un certain délai aux foi et hommage que ce dernier lui devait. La minorité ou une absence nécessaire était un motif pour demander la *souffrance.*

de Sens. En 1558, il épousa Marie Coiffart, veuve de Jean Festuot, sieur de Ravières, et fille du sieur de Saint-Benoist.

De ce mariage naquirent deux enfants : Michel et Noël Boucher, qui étaient tous deux mineurs au décès de leur père, ce qui permit d'obtenir de Catherine de Bourbon, marquise d'Isle et baronne de Villemaur (1574-1595), un acte de souffrance pour les foi et hommage de la terre de Pâlis.

A sa majorité, en 1594, Noël Boucher devint propriétaire de la moitié de la terre de Pâlis avec le titre d'*écuyer* que portaient déjà ses aïeux. Il eut de sa femme Louise de Hault, veuve d'un secrétaire du duc de Guise, un fils appelé Michel Boucher, qui héritera, à son tour, de la seigneurie de Pâlis.

En 1600, Noël Boucher eut à rendre hommage solennel à son suzerain, Jacques de Villemor, baron du lieu, comme tous les vassaux de la baronnie. Il voulut le faire par procureur, c'est-à-dire par un représentant. Et à l'appel de son nom, ce fut « maistre Adrien Bourgoy, » son fondé de pouvoirs, qui répondit. Ce dernier représenta que « ledit « sieur Boucher est au païs de Bourbonnoye (1) pour affaires « qui l'importent, estant sur le poinct de se pourveoyr par « mariage audict païs de Bourbonnoye. » Cette excuse fut jugée légitime; mais le baron lui donna « délai de deutz « mois pour faire les foy et hommage et serment de fidélitté « qu'il est tenu faire à cause de sa portion qu'il a audict « Pâlis mouvant de mond. sieur le baron (2). »

En 1515, Jacques de Villemor mourut; il eut pour successeur noble seigneur Jacques Viguier (1615-1633). Comme son prédécesseur, Jacques Viguier se fit rendre l'hommage solennel que lui devaient ses vassaux, une fois dans sa vie.

(1) L'ancienne province du Bourbonnais, capitale Moulins.
(2) Archives de l'Aube : E. 482. Registre folio 11 r°.

Ce fut son épouse, noble dame, dame Marye de Mesgrigny, qui le reçut en son absence. Cette fois encore, Noël Boucher étant indisposé fut obligé de se faire représenter par son fils, qui fut reçu à prêter pour son père le serment de fidélité au suzerain (1).

Quelque temps après, Michel Boucher II succédait à son père dans la seigneurie de Pâlis, et le 6 août 1621 il rendit l'hommage-lige (2) au seigneur de Villemaur.

Trois ans plus tard, le seigneur de Pâlis se maria avec Marguerite de Saint-Etienne, fille du sieur de Lignières, de laquelle il eut dix enfants, dont trois moururent assez jeunes.

En 1645, Michel Boucher désirant agrandir ses domaines acheta à Nicolas de Mesgrigny, seigneur de Cornillon, le fief de ce nom, ainsi que celui des Chaumes du Manche, situé sur le finage de Mothoy, paroisse de Marcilly-le-Hayer (3).

Depuis quelque temps, messire Jacques Viguier était mort ; il avait eu pour lui succéder dans la baronnie de Villemaur, Claude Viguier (1633-1647). Aussi lorsqu'en 1646, Michel Boucher II voulut rendre à son suzerain les foi et hommage pour les nouvelles acquisitions qu'il venait de faire, ce fut à Claude Viguier qu'il dut s'adresser. L'accomplissement de ce devoir ne se fit pas sans un certain cérémonial qui vaut la peine d'être raconté :

Le vassal se présenta devant le bailli de Villemaur, qui lui dit n'avoir pas été chargé par le baron de recevoir son

----

(1) Archives de l'Aube : E. 485. Registre folio 18 r°.
(2) L'hommage-lige ou hommage solennel différait de l'hommage simple ou franc ; ce dernier se faisait debout et la main sur l'Evangile. L'autre a lieu avec plus de cérémonie : le suzerain tient dans ses mains celles du vassal, qui a un genou en terre, est tête nue, sans épée ni éperons.
(3) Archives de l'Aube : E. 501.

hommage. Alors, sur la demande du seigneur de Pâlis, le bailli, accompagné du procureur fiscal, se transporta avec Michel Boucher à la maison seigneuriale de Villemaur (1) pour que ce dernier y accomplît ses devoirs envers son suzerain.

Arrivés à la porte, Michel Boucher se met à genoux, et nu-tête, sans épée ni éperons, il frappe, par trois fois, du marteau attaché à ladite porte, crie, appelle à haute voix Monsieur le baron de Villemaur. A cet appel, personne n'étant venu recevoir les foi et hommage du seigneur de Pâlis, celui-ci, selon l'usage, se mit humblement à baiser le verrou, offrant à son seigneur de lui « bailler » le dénombrement des fiefs de Cornillon et des Chaumes du Manche en temps voulu (2).

A la mort de Michel Boucher, en 1661 ou 1662, Georges de Boucher, son fils aîné, devint seigneur de Pâlis, tandis que sa mère avait, comme douairière, le titre de Dame de Pâlis. Ils prêtèrent, en 1662, le serment de fidélité au nouveau duc de Villemaur, Pierre Séguier, chancelier de France.

Les fonctions importantes que ce seigneur sut conserver pendant cinquante ans à la Cour ne lui avaient pas permis, en 1647, de prendre par lui-même possession de ses domaines.

Ce fut Chobert, bailli de Villemaur, qui fut chargé de le faire pour lui. Chobert ne voulut pas laisser passer une si belle occasion de se faire traiter en souverain. Il se fit installer en grande pompe dans l'église collégiale de Ville-

---

(1) C'était alors un château-fort d'une importance assez grande, si l'on en juge par les nombreux restes qui s'y trouvaient encore il y a quelques années, et aussi par le plan annexé à l'ouvrage de Courtalon sur Villemaur.

(2) Archives de l'Aube : E. 501.

maur d'abord, où il fut reçu par le doyen et par Sébastien, curé de Pàlis, en même temps que chantre et chanoine en dignité à l'église de Villemaur. Le 1er mars 1647, Chobert se rendit à Pàlis ; il y réunit les officiers de justice et les habitants dans l'endroit habituel des assemblées, à défaut d'auditoire, et les requit de reconnaître le chancelier, son maître, pour leur seigneur suzerain. Puis après la réception du serment, il se fit conduire à l'église, où il fut installé dans tous les droits honorifiques (1).

La seigneurie de Pàlis, après avoir appartenu pendant environ 65 ans à la famille Boucher, fut saisie, vers 1668, sur Marguerite de Saint-Etienne et acquise le 10 août 1673, moyennant 32,000 livres (2), par François Le Goujat, dit Desmarets, dans la famille duquel elle restera jusqu'au moment où éclatera la Révolution française.

M. François Desmarets qui devenait ainsi vassal du chancelier Séguier, était né à Troyes, en 1622, du mariage de Claude Le Goujat Desmarets, avocat au Parlement, avec Louise, fille d'Antoine Allen, conseiller au Présidial de Troyes (3).

C'était un homme extrêmement distingué, et un jurisconsulte éminent. Courtalon parle de lui dans les termes les plus flatteurs, les plus sincèrement élogieux :

« M. Desmaretz fut, dit-il, un excellent citoyen. On a
« dit de lui qu'il étoit un homme sans passion et sans inté-
« rêt, qu'il avoit l'âme belle et généreuse et de très-bons
« sentiments pour sa patrie. »

La Faculté de droit de Paris tint à honneur de s'adjoindre un homme « qui avait si bien mérité des lettres en tout genre »; et elle lui décerna le titre d'*agrégé*. En 1687, elle

(1) Courtalon : Histoire de Villemaur. — B. T. — MS 2254.
(2) Archives de l'Aube : E. 541. — Voir aussi l'aveu de 1734 : E. 198.
(3) Archives de l'Aube : E. 180.

le nomma à l'unanimité et avec distinction pour remplir la place d'un des 24 docteurs honoraires, dans une assemblée que présidait l'illustre Jérôme Bignon, doyen honoraire.

Parmi les ouvrages remarquables qu'écrivit ce savant, nous citerons avec Grosley : *Le Traité sur la religion du serment*, qui tendait à confirmer la supériorité de la juridiction royale sur les tribunaux ecclésiastiques. Cet ouvrage, qui fut imprimé en 1682, était dédié au premier président, de Novion (1).

Ce fut sans doute François Desmarets qui transporta à Pàlis la magnifique collection d'ouvrages rares dont nous avons parlé. — Il mourut en 1697, à l'âge de 75 ans.

Nous ne savons pas s'il eut des rapports fréquents avec les habitants de Pàlis, ni quel en fut le caractère. Mais tout porte à croire que les relations qui purent exister entre eux furent aussi amicales que possible. Ce n'est pas ce qui se produira avec ses descendants. François Desmarets avait épousé en premières noces Françoise Huez, de laquelle il eut un fils qui devint seigneur de Pâlis sous le nom de Nicolas Ier Desmarets. Il ne remplit ses devoirs de vassal envers M. Henri-Charles du Camboust, duc de Coislin, évêque de Metz et duc de Villemaur, qu'en 1712.

Il épousa en premières noces Anne Brice, et en deuxièmes noces Magdeleine-Michel de Viel-Moulins, veuve Descamins.

L'histoire ne nous le dépeint pas avec des qualités aussi brillantes que celles de son père. D'abord il vécut avec sa seconde femme en très mauvaise intelligence. De plus, il négligeait tellement ses affaires qu'il ne voulait même pas se donner la peine de louer ses biens ni ceux de sa femme (2). Il se livrait aussi passionnément au jeu et avait la singulière manie de soulever constamment des procès.

(1) Grosley : Mémoires sur les Troyens célèbres. B. T.
(2) Archives de l'Aube : E. 173 (liasse).

Ce fut à lui qu'en 1716 les chanoines de Troyes, propriétaires de la terre de Planty depuis 1236, offrirent d'affermer ce domaine, « espérant, dit Courtalon, trouver en lui un représentant aussi en état de faire valoir leurs actions que bon comptable. » Ce choix, on peut bien le croire, ne fut pas heureux.

Si les habitants de Pâlis ne furent pas tranquilles sous ce seigneur, ce fut bien pis encore sous Nicolas II Desmarets, son fils, qui prit possession du fief de Pâlis en 1731, à la mort de son père. Il fut sans cesse en contestation avec les particuliers, le chapitre de Villemaur (1), et même avec son suzerain, comme on le verra plus loin.

En 1734, il rendit à très-haute et très-puissante dame Madame Marie-Henriette d'Allongny de Rochefort, veuve en deuxièmes noces de très-haut et très-puissant seigneur Monseigneur Charles de Roye de la Rochefoucaut, comtesse de Blanzac, dame baronne de Villemaur, Estissac et autres lieux (1732-1736), les foi et hommage qu'il lui devait pour la moitié de Pâlis et pour moitié de la terre des Petits-Chevrais qu'il venait d'acquérir.

Il mourut en 1748, laissant trois enfants, dont deux filles. Ce fut son fils Nicolas III, chevalier, maréchal de camp des armées du roi, qui hérita de la seigneurie de Pâlis en qualité d'aîné ayant droit au préciput. Il joignit à cette possession les terres de Planty et de Joux, qui lui échurent dans le partage des autres biens (2).

La noblesse de robe de la famille Desmarets se trouve donc maintenant remplacée par une noblesse d'épée.

Ce seigneur eut pour suzerain Louis-Armand de Roye de la Rochefoucaut, duc d'Estissac et seigneur baron de Villemaur depuis 1736. Ce fut ce dernier qui délivra à la com-

(1) Archives de l'Aube : E. 183.
(2) Archives de l'Aube : E. 183.

munauté de Pàlis la somme de 700 livres, reliquat d'un don de M. de Coislin, son oncle maternel (1).

Nicolas III Desmarets fut le dernier des seigneurs de Pàlis. Lorsqu'en 1789 éclata la Révolution qui allait bouleverserser, pour la transformer, la vieille société française, Monsieur de Pàlis, comme on disait alors, s'empressa d'abandonner ses terres et d'émigrer. Et lorsqu'en 1792, les commissaires du district de Troyes se présentèrent chez M. Camusat de Riancey, à Troyes, où s'était réfugiée Madame de Pàlis, celle-ci prétendit que son mari était seulement en voyage pour prendre les eaux, et qu'il avait toujours à Pàlis son domicile. Cette déclaration plus ou moins habile n'empêcha pas que le 20 juillet les biens du sieur Desmarets furent déclarés, par arrêté du Directoire du département de l'Aube, affectés à l'indemnité due à la Nation et compris dans la liste des biens des Français émigrés, pour être ensuite vendus.

Origine et noblesse de la famille Desmarets.

Les deux tableaux généalogiques que nous avons joints à notre travail montrent assez clairement quelle est l'origine des deux maisons qui ont conservé le plus longtemps la propriété du fief de Pàlis.

Cependant qu'on nous permette d'entrer dans quelques détails au sujet de la famille Desmarets.

Ainsi qu'on peut le remarquer en examinant la suite des descendants de cette famille, François Desmarets fut le premier à ne plus porter le nom patronymique de ses ancêtres qui était Le Goujal ou Le Goujat.

(1) Archives de l'Aube : C. 1609. — Nous ignorons quelle était l'importance du don et aussi en quelles circonstances M. de Coislin fit cette générosité au village de Pàlis.

Tableau généalogique de la famille **Desmarets de Pâlis**

Ce tableau montre l'origine de la noblessse de la famille Desmarets dont les armes étaient :
D'azur à une gerbe d'or surmontée d'un soleil de même et accompagnée de croissants d'argent (D'HOZIER) ou *De gueules, à un demi-pal soutenu d'une fasce et accompagnée en pointe d'un chevron, le tout d'argent* (CHEVILLARD).

ROSEROT, *Armorial du département de l'Aube.*

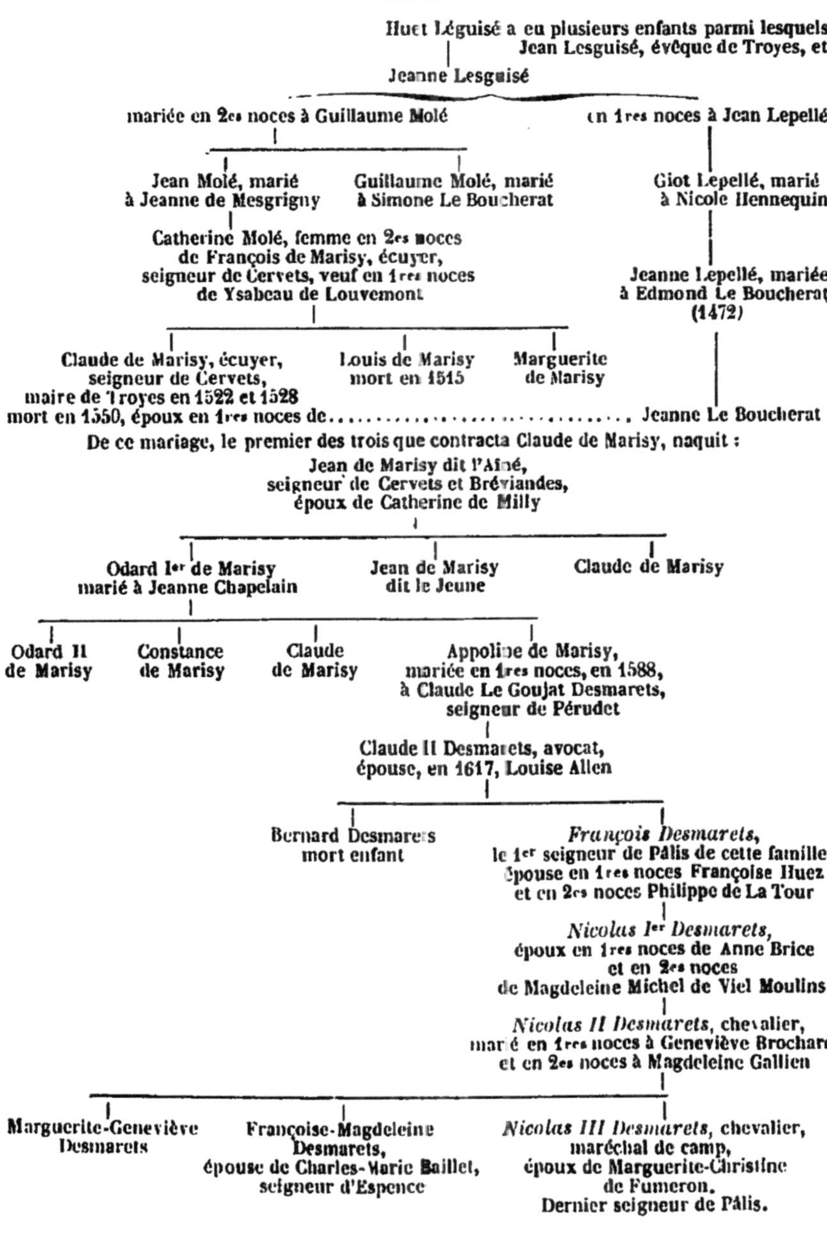

Tableau généalogique de la famille **Boucher de Pâlis**

D'APRÈS LA GÉNÉALOGIE

PRODUITE PAR DEVANT Mgr DE CAUMARTIN, INTENDANT DE CHAMPAGNE

AU MOIS DE NOVEMBRE 1670

Cette famille est originaire de l'Ile-de-France. Ses armes étaient :
D'argent à trois écrevisses de gueules.

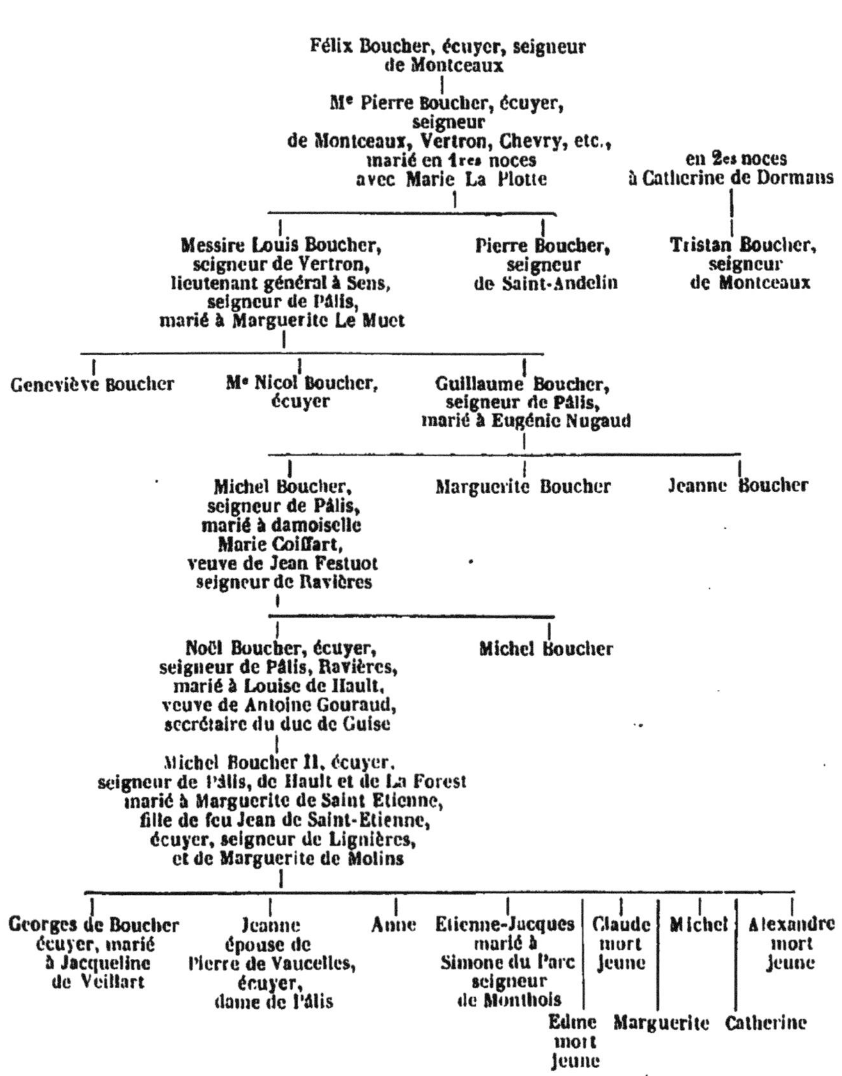

Ce fut son père, Claude Desmarets, avocat au Parlement, qui, dans un acte de partage de 1650, quitta ce nom « peu convenable, dit un mémoire de l'époque, à un avocat exerçant sa profession (1). » Le même document nous apprend que le nom de Desmarets est un surnom qui avait été donné à son père Claude Ier.

Peut-être ces noms, d'apparence roturière, ont-ils été cause que la noblesse de cette famille fut plusieurs fois contestée, et que même Nicolas Ier Desmarets fut, en 1715, considéré comme usurpateur du titre de noblesse.

Déjà en 1697 il avait été inquiété; puis en 1711, le roi lui donna des Lettres de confirmation de noblesse qu'il se vit enfin révoquer en 1715. Alors, se conformant à la Déclaration de janvier 1714, enjoignant aux nobles de produire leurs titres, M. Desmarets vint représenter les siens. Après trois ans de lenteurs judiciaires, en 1718, le procureur général ordonna au préposé à la recherche des usurpateurs de titres, de contredire la production des pièces faite en 1715. Enfin le seigneur de Pàlis eut gain de cause et obtint d'être maintenu en possession de sa noblesse, ayant pu démontrer qu'il avait été l'objet d'accusations mensongères tendant à faire considérer comme faux les titres représentés.

Un mémoire relatif à la noblesse des Desmarets de Pàlis nous apprend que cette famille était originaire de Troyes, et qu'elle descendait directement des Léguisé, anoblis par Lettres du roi Charles VII, en mars 1430 (2).

Des droits seigneuriaux. — Droits utiles.

On sait qu'il existait, sous l'ancien régime, des droits particuliers aux seigneurs, droits établis sur la propriété et

(1) Archives de l'Aube : E. 180.
(2) Archives de l'Aube : E. 540.

sur les personnes, et dont le revenu était parfois considérable. Dans le seul village de Pàlis, par exemple, ils s'élevaient à environ 50,500 livres de capital en 1748.

Ces droits seigneuriaux dits *droits utiles*, à cause du gain dont ils étaient la source, étaient assez nombreux.

Les plus anciens d'entre eux étaient les *censives* (1) et les *terrages* (2).

En 1361, les censives de Pàlis étaient estimées 30 sols environ sur lesquels les chapelains de Villemaur percevaient, à titre de rente annuelle, la somme de 14 sols. Le seigneur de Pàlis recevait également les censives de Tricherey, qui valaient environ 5 sols à la même époque (3).

En outre, toutes les terres en censives étaient frappées du droit de *lots et ventes* qui se payait chaque fois qu'une terre frappée de cens changeait de propriétaire.

Le dernier censier de Pàlis dont nous ayons connaissance date de 1693 (3).

En 1748, le cens seigneurial rapportait annuellement 227 livres 3 sols 10 deniers, y compris 80 poules estimées 10 sols pièce (4). Les censives communes étaient d'un revenu de 9 livres 6 sols en argent, 2 boisseaux de froment, 7 boisseaux de seigle et 20 boisseaux 1/2 d'avoine. Il y avait encore un climat de terre appelé « Margot de Chaalons », qui était aussi frappé de cens et qui produisait 5 sols 3 deniers en argent, plus 3 boisseaux et 2 picotins 1/2 de froment et 36 boisseaux d'avoine, mesure de Troyes (5).

Le droit de terrage augmentait en raison directe de la quantité de terres cultivées. En 1361, ce droit était pour

____

(1) Terres frappées de cens. — Le cens était un impôt imprescriptible et non rachetable.

(2) Droit féodal qui consistait en blé et légumes.

(3) Archives de l'Aube : E. 198.

(4) Archives de l'Aube : E. 178.

(5) Archives de l'Aube : E. 179.

Pàlis de un muid (1) de blé, plus les lots et ventes estimés 20 sols; et pour Tricherey, de 3 mines d'avoine portant lots et ventes estimés 5 sols (2). En 1663, chaque arpent de terre frappé du droit de terrage était redevable d'un petit boisseau de grain de telle espèce qu'il était ensemencé (4).

En 1734, ce même droit se payait deux années sur trois et était : pour les champs, d'un petit boisseau de seigle ou d'avoine par arpent emblavé ou non ; pour les vignes, d'un petit boisseau de froment, mesure de Pàlis.

En 1362, Jeanne de Trainel, veuve de Hugues de Mailly, dame de Pàlis, déclare que son terrage ne peut rien valoir pour elle, attendu que ce droit ne suffit même pas à payer le vingtième des aumônes dues à l'église (3).

La *taille* était aussi un impôt de date très ancienne. En 1361, elle rapportait au seigneur de Pàlis 10 sols seulement. Il est probable qu'aux xvii⁰ et xviii⁰ siècles, cette redevance seigneuriale était très faible, car les seigneurs ne la mentionnent plus dans leurs dénombrements. Elle fut peut-être même supprimée au profit de la taille royale, dont nous aurons à parler dans un des chapitres suivants.

Il y avait encore le droit de corvée qui n'était pas le moins vexatoire des droits seigneuriaux. A Pàlis, on était, comme partout ailleurs, « taillable et corvéable à merci. » Hommes et femmes étaient tenus indistinctement de faire deux journées de corvées par an en faveur du seigneur ; mais en 1735, ce droit n'existait plus aussi rigoureusement (4). Au xviii⁰ siècle, les hommes étaient encore

<hr>

(1) Le muid vaut 12 setiers et le setier 16 boisseaux.

(2) Archives de l'Aube : E. 198. — Il ne faut pas perdre de vue qu'à l'époque dont nous parlons, la valeur de la livre est de 50 fr. environ de notre monnaie actuelle. Le sol vaut 2 fr. 15 ou 2 fr. 50, et le denier vaut 0,20 c. — Le boisseau-mesure de Troyes valait dans les 23 litres.

(3) Archives de l'Aube : E. 198.

(4) Archives de l'Aube : E. 198. — Aveu de Michel Boucher.

astreints à travailler dans la propriété du seigneur de Pâlis.
A cet effet, ils devaient se trouver au château avec tous
leurs outils, quand on les y appelait, pour curer un fossé
situé dans le verger de M. Pâlis et qui recevait toutes les
eaux de la commueauté (1). Contrevenait-on à l'ordre
donné? Le délinquant était frappé d'une amende de cinq
livres s'il était laboureur, et de trois livres si c'était un
manouvrier.

En 1766, un accord intervint à ce sujet entre le seigneur
et les habitants. Il fut convenu que, moyennant deux sols
par ménage et par an, les habitants seraient, à l'avenir,
déchargés du curage de ce fossé qui resterait à la charge
de M. Desmarets.

En dehors des droits que nous venons d'énumérer, les
habitants de Pâlis en avaient encore une foule d'autres à
acquitter. Au XIVe siècle, par exemple, ils payaient avec
ceux de Tricherey la *geline,* qui était une redevance sur les
volailles; un droit de *mainmorte* sur les hommes et femmes
de condition servile (2), qui valait environ 6 livres par an.

Nous avons encore à nommer le *droit d'usage,* qui consistait, en 1621 et même encore en 1734, en un petit boisseau
d'avoine et douze deniers en argent dûs par chaque ménage
entier; les veufs ou veuves, garçons et filles en ménage ne
payaient chacun qu'un demi-boisseau d'avoine et six deniers
en argent (3).

A cette même époque, le seigneur de Pâlis avait aussi le
droit, « comme *premier* habitant », à cause de sa maison
seigneuriale, de prendre tous les ans, pour sa part usagère,
autant que dix habitants, soit une dizaine entière.

(1) Archives de l'Aube : E. 199.
(2) Les gens de condition servile étaient *mainmortables,* parce qu'on
les regardait comme morts, quant aux fonctions civiles et politiques.
A leur décès, le seigneur s'emparait de leur héritage.
(3) Archives de l'Aube : E. 198. — Aveu de Michel Boucher.

Tous les droits que nous venons d'énoncer, quelque onéreux qu'ils eussent dû être pour les habitants de Pàlis, ne paraissent pourtant pas avoir soulevé autant de difficultés que le seul *droit de pressoir banal.*

Ce n'est que dans un dénombrement de 1663 que nous voyons figurer au village, objet de notre étude, le moulin à vent et le pressoir seigneuriaux. Mais il n'est pas douteux que ces instruments y existaient déjà à l'époque féodale. Si les pièces du xive siècle n'en font pas mention, c'est sans doute parce que les revenus qu'en retiraient les seigneurs étaient trop peu importants et ne méritaient pas d'être portés en compte.

Malheureusement pour les habitants de Pàlis, il n'en fut pas toujours ainsi. Ce fut le pressoir qui les vexa le plus. Le seigneur seul avait le droit d'en posséder un ou plusieurs, et ceux qui avaient des vignes étaient forcés d'y faire écraser leur vendange moyennant redevance. Au xviiie siècle, les habitants payaient des droits exorbitants de pressoir banal : le huitième de leurs récoltes ! Aussi essayèrent-ils à plusieurs reprises de s'y soustraire, ce qui donna naissance à un grand nombre de procès.

Vers 1670 eut lieu une première tentative. Plusieurs d'entre eux firent construire des pressoirs chez eux où l'on écrasait clandestinement le raisin ; pour détourner les soupçons et ne pas attirer l'attention du seigneur, quelques-uns seulement se rendirent au pressoir banal (1).

Soit par suite de commérages, soit qu'il y eût eu dénonciation, le seigneur eut connaissance de l'infraction commise par ses « manans », et il les déféra au juge du bailliage de Saint-Liébault. Par sentence du 24 octobre 1675, ces « particuliers » furent condamnés à démolir leurs pressoirs et à

(1) Archives de l'Aube : E. 541.

mener écraser leur vendange sur ceux du seigneur, avec défense expresse de la porter ailleurs.

Nous devons constater en passant l'esprit de solidarité qui régnait alors à Pâlis et qui poussait tous les habitants sans exception à intervenir ensemble au procès dont était menacé quelqu'un des leurs pour un fait d'intérêt général et à prendre toujours ses fait et cause.

Ce fut ce qui eut lieu à l'occasion du procès de 1675. En 1618, après la révolte de Pierre-Guillaume contre le seigneur, — révolte dont nous avons fait connaître le but en parlant des syndics, — nous voyons encore la communauté entière protester contre les décisions des juges et venir au procès pour soutenir leur syndic (1).

En 1731, nouvelle tentative des habitants pour échapper au droit de banalité; une partie d'entre eux seulement amena ses vendanges sur les pressoirs du château. Mais en 1734, ce fut une grève générale; personne ne se présenta (1).

Nicolas II Desmarets s'alarma des proportions que prenait la rébellion et conçut des craintes sérieuses pour son meilleur revenu. Il fit assigner « les plus mutins » devant le lieutenant général du bailliage de Troyes. Sur la demande des habitants, l'affaire fut portée au bailliage de Saint-Lyébault, qui était la juridiction de première instance ; ils y obtinrent gain de cause. Mais en appel, devant la cour, ce fut le seigneur qui l'emporta (1).

Néanmoins, dans cette lutte des paysans de Pâlis pour l'affranchissement, ce n'était pas le seigneur qui allait triompher définitivement. Grâce à l'adresse qu'ils déployèrent en cette circonstance, et à la ténacité qui ne leur fit jamais défaut, le dénoûment devait être en leur faveur. Ils étaient,

______

(1) Archives de l'Aube : E. 811.

du reste, bien décidés, pour arriver à leurs fins, à faire tous les sacrifices, quelque onéreux qu'ils pussent être, et à employer tous les moyens, sinon permis, du moins honnêtes.

Ils en trouvèrent un des plus ingénieux.

Ils imaginèrent d'arracher toutes les vignes qu'ils possédaient sur Pâlis, à mesure qu'ils en replanteraient d'autres sur le finage de Villadin, aux lieuxdits Verrois et la Petite-Vallée. De cette façon, ils n'avaient rien à payer à personne, puisque le droit de pressurage n'existait pas sur le nouveau territoire vignoble (1).

Qui fut bien joué? Ce fut M. Desmarets. Aussi s'empressa-t-il de mettre tout en œuvre pour empêcher ses vassaux de continuer la destruction des vignes qui restaient sur Pâlis.

Il s'adressa d'abord, en 1759, à M. de Saint-Contest, alors intendant de Champagne, auprès duquel il fit appuyer sa demande par M. de Fumeron, son beau-père, l'un des premiers commis aux bureaux de la guerre. Dans sa requête, il alléguait qu'en vertu d'une ordonnance (2), il était défendu de planter des vignes sur des terrains propres à produire du grain et que tel était le cas du territoire de Villadin qui, de tout temps, avait été ensemencé.

Mais M. de Saint-Contest était un homme trop éclairé pour donner suite à cette affaire ; il la laissa dormir et fut, avant de lui avoir donné une solution, remplacé dans l'intendance de Champagne par M. Rouillé d'Orfeuil.

Celui-ci prit connaissance du dossier et, en 1765, rendit une ordonnance par laquelle il priait M. de Paillot, son subdélégué, de donner son avis.

(1) Archives de l'Aube : C. 1699.
(2) Cette ordonnance bizarre qui réglemente la culture de la propriété et enlève même au propriétaire du sol le droit d'en jouir en toute liberté existe en effet. C'est une des plus curieuses erreurs de l'ancien régime.

C'est une pièce fort curieuse que la réponse de ce dernier et en tous points favorable aux habitants. Voici ce qu'on y lit notamment :

« ...... M. de Saint-Contest n'a point rendu de déci-
« sion, parce qu'il n'étoit pas possible de la rendre à l'avan-
« tage de M. de Pallis. Voici le fait :

« M. de Pallis percevoit sur les vignes de Pallis un droit
« ou de pressoir bannal ou de dixme. Les habitans que l'on
« ménageoit un peu sur cet article le souffroient ; mais
« M. de Pallis ayant voulu que son droit fût perçu à la
« rigueur, les habitans se sont défendus. M. de Pallis leur
« a intenté un procès qu'il a gagné et qui condamne ces
« habitans à acquitter les droits. C'est pour s'y soustraire
« qu'ils ont pris le parti d'arracher successivement toutes
« les vignes qu'ils avoient sur le finage de Pallis et de les
« transférer sur celui de Villadin, où M. de Pallis n'a aucun
« droit. *Par ce moyen, M. de Pallis est précisément comme*
« *s'il avoit perdu son procès.*

« ...... Dans le vrai, les deux finages de Villadain et
« de Pallis sont en général composés de terres fort mau-
« vaises et de petite valeur. Par cette raison, les habitans
« sont presque tous propriétaires, et *il me paroît difficile*
« *que M. de Pallis puisse empêcher que l'on ne plante des*
« *vignes sur Villadain, quoique cela lui fasse un tort*
« *réel* (1). »

Sur cette réponse, l'intendant rendit, le 28 avril 1766, une autre ordonnance désignant M. de Montrocher, sous-ingénieur des ponts et chaussées, à l'effet de constater, en présence du syndic, de deux laboureurs et de deux des principaux habitants, s'il était vrai, comme le vouloit le seigneur de Pâlis, que le territoire de Villadin était propre à porter du grain.

(1) Archives de l'Aube : C. 1609.

Cette expertise eut lieu le 24 mai suivant.

« Il nous a paru, dit l'expert dans son rapport, tant à
« cause de la nature du sol que par rapport à sa situation
« ou à son exposition qu'on ne peut faire un meilleur usage
« des hauteurs de ce canton (2) qu'en les plantant en vignes
« qui paraissent y réussir fort bien. Il y en a actuellement
« 35 arpents environ de plantés appartenant à 84 habitants
« de Pallis (3). » Et il ajoute qu'à mesure que ceux-ci éta-
blissent des vignes sur les hauteurs de Villadin, ils dé-
truisent en même quantité celles qu'ils ont sur leur finage,
dans une contrée bien plus propre à produire du grain.

Bien que toutes ces enquêtes eussent été défavorables à
M. Desmarets, celui-ci eut toujours l'idée que sa cause
était bonne, comme l'indique toute sa correspondance. Son
homme d'affaires lui-même l'entretenait dans cette opinion,
quoiqu'il fût d'avance assuré du résultat contraire.

Nous n'avons pu savoir comment se termina l'affaire ;
mais nous avons tout lieu de croire que M. Rouillé d'Orfeuil,
s'il ne rendit pas d'ordonnance en faveur des habitants,
imita du moins le silence de son prédécesseur.

Enfin arriva 1789, qui trancha toutes les difficultés.

Disons encore, pour en finir avec ce droit de banalité,
qu'il rapportait en 1748 douze gros muids de vin à **M.** de
Pâlis ; soit en argent, déduction faite des frais d'entretien
des pressoirs, une somme de 1,800 livres (1) ! Assurément,
c'était lui qui avait le moins de risques et le plus de béné-
fices !

Indépendamment de tous ces privilèges, le seigneur de
Pâlis avait encore le droit exclusif de posséder un colombier

---

(2) Le *canton* dont il est question ici est le lieudit Verrois ; ce mot
s'employait autrefois comme synonyme de *contrée.*

(3) Archives de l'Aube : C. 1639.

(1) Archives de l'Aube : E. 183 (liasse). — (Partage entre les enfants
Desmarets.

garni de pigeons et de laisser ces oiseaux vivre en liberté et se nourrir des grains tombés dans les champs.

La volaille roturière n'avait pas le droit d'aller picorer dans la campagne, sous peine d'être saisie pour préjudice causé aux pigeons seigneuriaux (1).

En qualité de seigneur haut-justicier, il pouvait faire troupeau à part de son bétail; et comme conséquence, il était censé avoir droit au tiers des vaines pâtures et des pâturages communs; les deux autres tiers étaient censés appartenir au corps de la communauté, pour y faire parcourir, sous la garde d'un pâtre commun, les bestiaux qu'il est d'usage d'élever dans le pays. — Disons enfin qu'il n'était permis d'avoir qu'un nombre de têtes de bétail proportionnel à la quantité de terre possédée.

Le droit de chasse appartenait aussi au seigneur de Pàlis, à l'exclusion des habitants, mais seulement sur une partie du territoire dont la limite fut déterminée en 1748, le surplus devant être réservé au suzerain, le duc d'Estissac, baron de Villemaur, en sa qualité de seigneur pour moitié de Pàlis (2).

Droits honorifiques.

Concurremment avec les droits utiles, que nous venons d'énumérer à peu près complètement, en existaient d'autres appelés *droits honorifiques*, attributs de la suprématie du seigneur sur les habitants.

Les seigneurs de Pàlis les possédaient par moitié avec leur suzerain, le baron de Villemaur, et plus tard (1758) le duc d'Estissac. Ils donnèrent lieu à de fréquents démêlés entre vassal et suzerain. Mais ce fut surtout sous les trois

(1) Archives de l'Aube : E. 190.
(2) Archives de l'Aube : E. 541.

derniers seigneurs de Pàlis que nous voyons se tendre les rapports avec celui dont ils dépendaient.

Ces droits honorifiques consistaient à avoir un banc dans le chœur de l'église, du côté de l'évangile, ce qui était la place la plus distinguée; à marcher le premier dans les processions et aux offrandes, ce qui était moins une marque de zèle religieux qu'une occasion de faire valoir son prestige et d'étaler sa vanité; à être encensé le premier et à avoir également la préférence pour l'eau bénite et la distribution du pain béni, de même que pour les *litres et ceintures funèbres* (1).

En 1746, M. Desmarets prétendit jouir seul de tous ces droits à l'exclusion de son suzerain le duc d'Estissac (2). Un procès s'ensuivit et, en 1748, les commissaires royaux ordonnèrent qu'en qualité de co-seigneurs, chacun pour moitié de la terre et seigneurie de Pàlis, la portion desdits sieurs d'Estissac et Desmarets sera réputée égale et sans aucune prérogative de l'un sur l'autre. Mais ils décidèrent en outre que, par suite de la réunion à la baronnie de Villemaur, dont relève la terre de Pàlis, de la moitié de cette dernière appartenant au duc d'Estissac, la préférence pour les droits honorifiques dans l'église de Pàlis devrait appartenir à celui-ci; et en conséquence qu'aux prônes, recommandations et prières nominales, le duc serait nommé le premier; qu'aux processions, offrandes, encens, eau bénite et distribution de pain béni, il aurait pareillement la préséance; que dans le chœur il pourrait, si bon lui semblait, faire placer un banc à la main droite, vis-à-vis de celui du sieur Desmarets; qu'enfin, dans le cas où il y aurait lieu de

____

(1) Ce droit était un des attributs de la haute justice. Il consistait à placer aux obsèques du seigneur haut-justicier ses armoiries dans l'église sur une bande de velours noir d'une largeur déterminée.

(2) Archives de l'Aube : E. 539.

mettre des litres et ceintures funèbres, celles du duc d'Estissac seraient au-dessus de celles de son vassal, et que sa
sépulture, dans le chœur, serait aussi à la droite (1).

Ainsi échoua la tentative ambitieuse du seigneur de Pâlis.

V. — La Justice du Seigneur.

Il nous reste à parler d'un des droits les plus importants
du seigneur, à la fois utile et honorifique, du droit de justice
qui était sa plus haute prérogative au xviiie siècle.

Nous avons cru devoir lui consacrer un chapitre spécial,
à cause de l'intérêt qu'offre, à Pâlis, son histoire.

Dès les premiers temps du Moyen-Age, le seigneur de
Pâlis avait sur ses sujets le droit de haute, moyenne et
basse justice (2). En 1361, ce droit rapportait environ
6 livres par an ; à Tricherey, il produisait 20 sols (3). Il
acquit, par la suite une importance beaucoup plus grande.
Comme les droits honorifiques, la justice fut aussi l'occasion
de difficultés entre les deux co-seigneurs de Pâlis.

Dans son dénombrement de 1734, Nicolas II Desmarets
déclare qu'en dehors de sa basse-cour sur la rue, il a fait
construire un auditoire depuis environ dix-huit mois pour

---

(1) Archives de l'Aube : E. 539. E. 541.

(2) La haute justice donne droit de connaître de tous les crimes et
délits commis dans l'étendue de la juridiction. Les juges des seigneurs
hauts-justiciers, outre les amendes, peuvent prononcer la peine du fouet,
du carcan, de la marque au fer rouge, du bannissement et même de la
mort. Le pilori, la geôle, la prison sont des attributs de la haute justice.
— La moyenne justice donnait le droit de connaître des délits qui ne
pouvaient être punis de plus de soixante-quinze sous d'amende et de
toutes les obligations féodales des vassaux. — La basse justice était quelque chose comme une justice de paix exercée par le seigneur.

(3) Archives de l'Aube : E. 198.

que la justice y soit rendue au nom des deux seigneurs,
tant qu'elle demeurera indivise et qu'elle s'exercera par les
mêmes officiers choisis d'un commun accord ; il ajoute qu'il
a fait bâtir cet auditoire, attendu qu'il n'y en avait point
dans la place où s'exerçait la justice (1)

Ce dénombrement fut contesté, en plusieurs de ses points,
par la suzeraine Madame la comtesse de Blanzac, et donna
lieu de sa part à un blâme contre le seigneur de Pàlis. La
construction de l'auditoire surtout portait atteinte à ses prérogatives ; car, outre qu'il n'avait pas été édifié dans l'endroit où se tenait habituellement la justice, — quoiqu'en ait
dit M. Desmarets, — ce dernier s'était permis de faire planter un pilori et un carcan à ses armes seules (2).

En quel lieu donc s'exerçait auparavant la justice? Jusqu'en 1712, les audiences se tenaient, à défaut de local
spécial, sous le pignon d'une maison sise dans la rue Haute,
appartenant à un nommé Fiacre Jugnot.

Au décès du propriétaire, ses héritiers ayant laissé l'im-
meuble tomber en ruines et la place ayant été close par des
haies, il fallut se résigner à transférer ailleurs le tribunal.
En face les ruines de l'ancien pignon existait une grange
avec un grand portail. Provisoirement les juges de Pàlis
s'installèrent sous cette sorte de porche jusqu'à ce qu'ils
eussent trouvé un autre pignon aussi favorable que le premier. Après bien des recherches, on se décida pour le pignon de la maison de Mᵉ Paul Berdillet, notaire, parce qu'il
y avait toujours là quelque vieux bois pour se reposer. Quand
il pleuvait ou que le temps était trop froid, les officiers rendaient la justice dans une chambre de la maison (3).

Il y avait déjà plus de vingt ans que le pignon de la mai-

_____

(1) Archives de l'Aube : E. 198.
(2) Archives de l'Aube : E. 198.
(3) Archives de l'Aube : E. 540.

son du notaire avait l'honneur d'abriter la justice, lorsque
M. Desmarets, pensant qu'il ne convenait pas de la laisser
ainsi dans un lieu incertain ni d'exposer ceux qui la rendaient à l'injure du temps, eut l'idée de faire bâtir dans une
encoignure, en dehors des murs du château, l'auditoire qui
fit l'objet du litige en 1735.

Cet auditoire avait son entrée sur une place, ainsi qu'une
croisée, munie d'une grille faite de quatre barreaux de chêne
et fermée, à l'intérieur, par un contrevent. Le mobilier se
composait d'un fauteuil en chêne, en face lequel était une
table munie d'un tiroir ; cinq bancs de planche pour les
plaideurs et les curieux faisaient le tour de la salle, le long
des murs (1). Comme on le voit, cette installation si modeste qu'elle pût paraître à notre époque, était cependant
plus confortable que la précédente, et on aurait lieu d'être
surpris de la dépense faite par le seigneur de Pâlis pour
doter son village d'un auditoire, si l'on ne devinait pas le
but intéressé qui l'avait fait agir. Il voulait, en effet, essayer
de s'attribuer tout le bénéfice du droit de justice au détriment de sa suzeraine, Mme la comtesse de Blanzac.

Mais celle-ci n'était pas femme à permettre de pareilles
libertés à un vassal. Aussi, pour affirmer ses droits, de-
manda-t-elle que l'auditoire attenant à la basse-cour du château fût supprimé et qu'un autre fût construit, à frais communs, dans l'endroit où s'exerçait auparavant la justice,
c'est-à-dire sur la place du village, entre les maisons des
nommés Lupien Mizelle, Jean Leclerc, François Carré,
Me Paul Berdillet et Jacques Delaporte, et où s'élevait
autrefois le pilori aux armes de M. le chancelier Séguier,
baron de Villemaur (2).

Cette place, qui servait aussi à exposer les cadavres des

(1) Archives de l'Aube : E. 540.
(2) Archives de l'Aube : E. 539.

personnes mortes de mort violente (1), avait, comme l'indique un plan de l'époque dont nous donnons l'exacte reproduction, la forme d'un segment de cercle ; on pouvait y bâtir, dit la légende qui accompagne ce plan, « un auditoire, geôle et prison (2). »

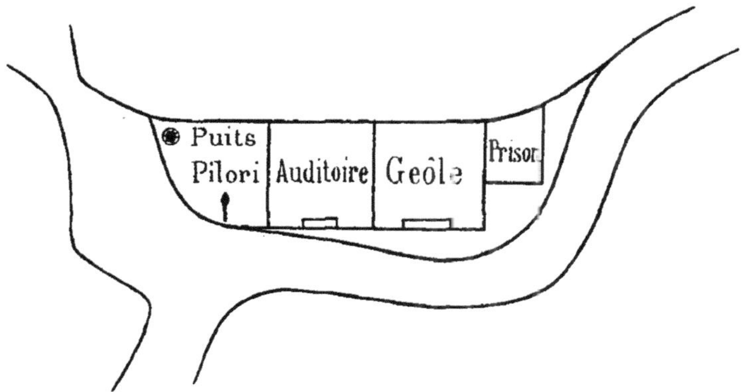

Cependant, lors de la transaction de 1735, qui régla les points contestés, les arbitres apportèrent à ce plan quelques modifications. De nouveaux démêlés ayant surgi dix ans après donnèrent lieu à un jugement qui disposait qu'à la première sommation qui lui en serait faite, M. Desmarets devrait faire construire, conjointement avec le duc d'Estissac et à frais communs, sur la place publique, un bâtiment de 18 pieds de long sur 12 de large, dans lequel on réserverait 12 pieds pour l'auditoire et 6 pour la geôle. En face devait s'élever le *pilori* ou poteau de justice, orné sur deux de ses faces, au choix du duc d'Estissac (3), des armes de ce dernier, et sur les deux autres de celles de M. Desmarets. De plus, le sceau de justice devait porter, à droite, les

(1) Archives de l'Aube : E. 339.
(2) Archives de l'Aube : E. 340.
(3) Ces armes étaient : *Bureté d'argent et d'azur de dix pièces ; à 3 chevrons de gueule, le premier écimé brochant sur le tout.* (Palliot.) Roserot : Armorial du département de l'Aube, n° 705.

armes du premier seigneur, et à gauche celles de son vassal (1).

Si les juges avaient tenu compte des demandes précédentes de M. Desmarets, chacun des deux seigneurs aurait eu, à Pàlis, son auditoire, sa geôle et son pilori à ses armes seules (2).

La justice en eût-elle été mieux rendue? Peut-être que non ; mais le seigneur de Pàlis eût été un peu plus maître chez lui, et, de ce pouvoir, les habitants eussent eu sans doute plus à souffrir.

Pendant que les difficultés au sujet de l'auditoire s'applanissaient, d'autres naissaient relativement à la nomination des officiers de justice à Pàlis. Avant 1735, ces officiers étaient choisis par le seigneur de Pàlis seul, et jamais aucune contestation ne s'était élevée à ce sujet. Mais, à son avènement à la baronnie de Villemaur, Mme la comtesse de Blanzac pensa sérieusement à réintégrer les droits qui lui appartenaient et que ses prédécesseurs avaient presque complètement négligés.

En 1735, il avait été convenu que chaque co-seigneur nommerait *alternativement* les officiers de justice à Pàlis, que ces derniers rendraient la justice au nom des deux seigneurs et qu'ils se feraient recevoir : le juge-miare en la justice de Saint-Lyébault, et les autres magistrats en celle de Pàlis. Alors la communauté, jusque-là dénuée d'officiers par les entreprises des juges de Saint-Lyébault, qui voulaient attirer chez eux toutes les affaires, à ce que dit M. Desmarets, se trouva pourvue d'un maire (3),

____

(1) Archives de l'Aube : E. 540.

(2) Archives de l'Aube : E. 199.

(3) Le *maire* ou *mayeur* était un officier de justice et non pas un administrateur de la communauté. Il existait déjà en 1534, époque à laquelle Jehan Brasset était mayeur de Pàlis. — (Archives de l'Aube, E. 483.)

d'un procureur fiscal, d'un procureur postulant, qui était le jardinier du château, d'un greffier et d'un sergent. Quelque temps après, et par suite de l'incapacité absolue du procureur postulant, Mme la comtesse de Blanzac en nomma un deuxième qui fut Me Paul Berdillet; elle fit cette nomination tant en son nom qu'en celui du sieur Desmarets, son co-seigneur (1).

Au décès de M° Berdillet, en 1738, c'était le tour du seigneur de Pâlis de choisir le deuxième procureur postulant. Aussi en profita-t-il, car, sous prétexte d'assurer la bonne exécution de la justice, mais en réalité pour arriver à faire rendre des sentences conformes à ses volontés, il nomma deux procureurs postulants qui furent Pierre Charrier et Edme Juneau. C'était outrepasser ses droits et faire bien peu de cas de ceux du suzerain, alors M. de La Rochefoucault.

Aussi, comme on pense bien, celui-ci protesta; tout autre, à sa place, en eût sans doute fait autant. De là des difficultés et des querelles qui ne purent que préjudicier aux justiciables de Pâlis.

En juin 1739, le juge de Saint-Lyébault rendit une première ordonnance portant interdiction aux deux nouveaux procureurs postulants d'exercer leurs fonctions, Un peu plus tard, le procureur fiscal mourut et M. Desmarets prit soin de lui nommer aussitôt un successeur provisoire, qui fut également interdit. L'acte de nomination de celui qui devait le remplacer définitivement fut signé quelque temps ·après par le duc d'Estissac ; mais, dit le seigneur de Pâlis, cet acte était une « indécence » de la part des gens d'affaires de son suzerain qui s'étaient permis de le traiter seulement de *sieur* Nicolas Desmarets, seigneur pour l'autre

<hr>

(1) Archives de l'Aube : E. 199.

moitié de Pâlis, comme si les portions n'étaient pas égales !
Mais ce fut bien pis dans les provisions (1), où on le qualifie
tout simplement de *propriétaire* de l'autre moitié de Pâlis !

Ainsi l'affaire s'envenimait ; les propos s'aigrissaient.
A Joux, sur la rivière de Vannes, où M. de Pâlis était aussi
seigneur, des voies de fait étaient même exercées sur ses
propriétés par des gens armés du duc d'Estissac.

Après avoir interdit deux procureurs postulants, le juge
de Saint-Lyébault fit assigner le greffier, Pierre Rond, en
délivrance de l'acte de réception de Charrier. Celui-ci ré-
sista, interjeta appel de chaque nouvelle ordonnance rendue
contre lui, disant qu'il n'était pas justiciable de Saint-Lyébault en première instance (2).

Irrité de cette résistance, le seigneur d'Estissac prit une
dernière ordonnance, en vertu de laquelle, et sans significa-
tion préalable, Rond fut arrêté à dix heures du soir dans
une maison particulière et traîné dans les prisons de Saint-
Lyébault, où il resta trois semaines.

Le 22 juillet 1739, M. Desmarets fut reçu appelant de
toutes les ordonnances de Saint-Lyébault, et il demanda :

1° Que les deux co-seigneurs choisissent chacun un
maire, un lieutenant, un procureur fiscal, un greffier, des
procureurs postulants, des sergents, etc., auxquels ils don-
neraient chacun des provisions ;

2° Que ces officiers exerçassent la justice à tour de rôle
pendant six mois ;

3° Que les deux juges-maires fussent reçus par les officiers de Saint-Lyébault et les autres officiers par les juges
de Pâlis ;

4° Que chacun des deux co-seigneurs, pour la conserva-

(1) On appelait *provisions* les lettres que l'on obtenait pour posséder
une charge de judicature ou de finance.
(2) Archives de l'Aube : E. 199. — E. 539.

tion de ses domaines, pût traduire devant les officiers par lui nommés, lors même que ces derniers ne seraient pas dans leur semestre d'exercice ;

5° Que les amendes, prononcées dans ce dernier cas, appartinssent à celui des seigneurs dont le juge les aurait prononcées....

Si ce système avait du bon, il avait aussi l'inconvénient d'être fort compliqué. C'est sans doute ce que pensèrent les commissaires chargés, en 1748, de trancher le différend. Ils consacrèrent d'abord les conventions de 1735, relativement aux fonctions de maire et de procureur fiscal. Ils ordonnèrent ensuite qu'il serait établi quatre procureurs postulants reçus en la justice de Pâlis, savoir : deux sur les provisions du duc d'Estissac et deux sur celles du seigneur de Pâlis, et qu'à l'égard des huissiers, il en serait établi deux, reçus de la même manière que les procureurs et sur les mêmes provisions, lesquelles seraient données au nom des deux co-seigneurs.

Ce fut la fin des contestations entre vassal et suzerain, car Nicolas II Desmarets mourut peu de temps après cette transaction. Ce fut, comme nous l'avons vu précédemment, contre les habitants de Pâlis que son fils et successeur eut à se défendre.

VI. — Action de l'Autorité centrale sur la Communauté.

Rapports de la Communauté avec l'Autorité centrale.

Les habitants de Pâlis, on a déjà pu s'en apercevoir, eurent avec l'autorité centrale les meilleurs rapports. Quand ils adressaient une requête à l'Intendant de Champagne, ils étaient presque sûrs d'être écoutés et, autant que le permettait la justice, protégés. On se rappelle M. de Saint-Contest laissant dormir dans les dossiers administratifs les pièces relatives à la plantation des vignes sur Villadin et ne voulant pas rendre d'ordonnance contre les habitants, malgré les sollicitations de M. de Pâlis, appuyées par son beau-père.

A la fin du xviiiᵉ siècle, du reste, l'autorité du seigneur semble presque totalement annihilée par celle de l'Intendant et de son subdélégué.

Les Impôts.

Nous avons dit qu'au xviiᵉ siècle la taille seigneuriale avait presque été réduite à rien en faveur de la *taille royale*. L'intendant et le subdélégué avaient puissamment aidé à cette substitution. Ce n'est pas à dire que la seconde fut moins onéreuse que la première ; au contraire. En 1677, par exemple, les habitants de Pâlis payaient 2,870 livres de tailles royales, et ils en payaient 3,143 en 1787, quoiqu'ils ne fussent pas plus nombreux (1).

Cette taille était répartie sur chaque ménage par trois *asséeurs* ou collecteurs, élus en assemblée générale de la communauté. Cette fonction était obligatoire pour tous les habitants solvables et capables à tour de rôle, et personne n'en pouvait être exempté, à moins de motifs très-sérieux ou de privilèges spéciaux. Il arrivait aussi quelquefois que les habitants refusaient de nommer des collecteurs, surtout lorsqu'ils ne voulaient pas payer l'impôt, ou que ceux qui étaient nommés refusaient d'entrer en charge. Alors le syn-

----

(1) Archives de l'Aube : C. 1608.

dic avait le pouvoir de les nommer d'office. Il eut à le faire
à Pâlis en 1711 et en 1715 (1).

Comment, sur quelles bases les collecteurs faisaient-ils
la répartition de la somme que les agents du roi avaient
imposée au village ? Sur le produit supposé de la propriété
ou du travail de chaque contribuable.

L'impôt était payé par tous les habitants de la communauté, à l'exception des exempts et des privilégiés qui figu-
raient sur les rôles sous un chapitre spécial. Ces derniers,
en 1677, étaient : Georges de Boucher, seigneur de Pâlis ;
Anne de Boucher, sa sœur, veuve de Pierre de Vauxelles
et dame de Pâlis ; Estienne Thierry, curé, et Pierre de Bellemanière, prieur de Clairlieu (2).

Nulle part ne figurent au chapitre des exempts le maître
d'école et le syndic. Cependant comme ils ne sont pas non
plus parmi les cotisables, il nous est permis de croire qu'ils
ne payaient pas de taille.

Les mendiants sont aussi portés à part sur les rôles, et
le montant de leur cote la plupart du temps n'est pas
indiqué.

Les collecteurs n'étaient pas affranchis du paiement de
cette contribution ; ils étaient même responsables du recouvrement exact de l'impôt ; mais ils recevaient six deniers
pour livre à titre d'indemnité, ce qui n'était pas une com-
pensation suffisante pour tous les risques qu'ils couraient (3).

En 1787, les cotisables de Pâlis furent divisées en cinq
catégories. La première comprenait ceux qui payaient
30 livres et plus ; la deuxième, ceux qui payaient de 12 à
30 livres ; la troisième, ceux qui ne payaient que de 9 à

____

(1) Archives de l'Aube : C. 1608.
(2) Archives de l'Aube : C. 1608. — Il faut ajouter à ces privilégiés
M. le Commandeur de Coulours, en 1775.
(3) Archives de l'Aube : C. 1608.

12 livres. Dans la quatrième étaient groupés tous les cotisables de 5 à 9 livres; enfin ceux qui payaient moins de 5 livres étaient rangés dans la dernière catégorie (1).

Avec la taille, qui était l'impôt principal, en existaient d'autres, comme la *capitation* qui s'acquittait certainement à Pâlis depuis le commencement du xviiie siècle, bien qu'elle ne se trouvât mentionnée que sur un rôle de 1765. Cet impôt paraissait moins inique que le précédent, parce que personne n'en était exempt, et que les nobles le payaient sur les mêmes bases que les roturiers. C'était donc un premier pas vers le système de l'égalité de l'impôt. Nous ne parlerons pas des vingtièmes qui étaient à la charge de la communauté.

Les habitants de Pâlis eurent très probablement aussi à supporter les *aides et gabelles* ou impôt sur le sel. A cet effet, ils ressortissaient du grenier-à-sel de Villemaur. Dans leur cahier des doléances de 1789, ils demandèrent la suppression de ce droit vexatoire, « parce que, disent-ils, les per« ceptions de ce genre ne se font qu'avec des exercices « portés jusqu'à l'injustice. »

La *corvée royale* était aussi un impôt d'une autre sorte qui, pareil à la corvée seigneuriale, s'acquittait en nature, en travaux.

Cette corvée s'accomplissait sur les grandes routes et quelquefois fort loin. Les habitants de Pâlis allaient même jusqu'à plus d'une lieue de chez eux, sur la route de Troyes à Sens, comme l'indique une pièce de 1601 (2).

Ce document est une requête adressé à Monseigneur de Rosny, Intendant de Champagne, par le baron de Villemaur, pour demander « *à ce qui lui pleust ordonner que les* « *villaiges et parroisses des environs dudict Villemor iroient*

---

(1) Archives de l'Aube : C. 1608.
(2) Archives de l'Aube : C. 1106.

« *travailleier en courvées tant à conduire matières de pierre*
« *que porter terres pour racoustrer la chaussée tirant dudict*
« *Villemor à Saint-Mards.... »*

En exécution de cette requête, Mᵉ Jehan Poterat, voyeur
du roi à Troyes, fut chargé de se rendre à Villemaur pour
visiter la chaussée et dresser procès-verbal de cette visite.
Dans son rapport (1), le voyeur est d'avis, « *soulz le bon*
« *plaisir touttefoys de Monseigneur de Rosny, que les lieux*
« *et villaiges estant à deux lieues dud. Villemor soient con-*
« *trainctz d'y envoyer travailler en courvées sçavoir ceux*
« *qui ont charrettes et chevaulx y aller ou envoyer avec leurs*
« *charrettes, chevaulx, et pour ceux qui n'ont charrettes et*
« *chevaulx y aillent travailler de leurs personnes.* »

Pâlis se trouve naturellement sur la liste des dix-neuf
villages voisins de Villemaur qui durent envoyer leurs habitants réparer la route d'Orléans à Troyes, à un quart de
lieue au delà de Villemaur, où il y avait un fonds et où la
construction d'un pont avait été jugée nécessaire ; ainsi que
sur la chaussée de Villemaur à Aix, qui était alors en fort
mauvais état et nécessitait des remblais considérables avec
la construction de trois ponts de bois ou de pierre sur la
Vanne que l'on était obligé de passer à gué.

Jusque vers le milieu du xviiiᵉ siècle, la corvée royale
n'existait pourtant pas réellement dans la communauté de
Pâlis ; elle était très souvent remplacée par un impôt en
argent, car, dans le rôle des tailles de 1704, est comprise
une somme de trois livres pour les ponts et chaussées (2).

En 1782, deux habitants de Pâlis ayant refusé de faire
la corvée y furent contraints par des cavaliers ou grenadiers
qui les conduisirent de force sur la route. Enfin, en 1787,
ce droit odieux fut supprimé.

(1) Archives de l'Aube : C. 1606.
(2) Archives de l'Aube : C. 1608.

Ce fut un grand soulagement pour la communauté de Pàlis que 284 toises cubes de remblais à ne plus faire ! Mais qu'on n'aille pas croire cependant que l'exonération fut complète. On ne fit que guérir un mal pour en faire naître un autre, car les habitants eurent à payer annuellement, pour tenir lieu de la corvée, 505 livres.

Le service de la milice était aussi un impôt que la jeunesse de Pàlis acquittait. Nous n'en avons connaissance que par les comptes des syndics depuis 1778, en sorte qu'aucune particularité n'est à signaler à cet égard.

Nous avons parlé plus haut de la justice du seigneur ; mais à côté d'elle ou plutôt au-dessus d'elle existait la justice royale, qui se rendait au Parlement ou à la Tournelle et aussi devant le lieutenant-général du bailliage de Troyes, suivant le degré de juridiction.

Grâce au grand crédit dont il jouissait, le seigneur de Pàlis ne se faisait pas faute de recourir à tous les tribunaux dans ses procès avec les habitants. Il espérait ainsi réduire la communauté au silence, pensant qu'à cause de sa pauvreté, elle ne pourrait payer les frais considérables qui résultaient du renvoi incessant des procès d'une juridiction à une autre. Ces manœuvres causaient, de plus, des lenteurs désespérantes ; on peut citer, par exemple, un procès entre le seigneur de Pàlis et les habitants qui dura plus de vingt-cinq ans.

Aussi, dans leurs cahiers de 1789, les habitants se plaignaient-ils amèrement de cet état de choses, ainsi que du grand nombre d'impôts qui les accablaient.

Nous allons donner ici le texte exact de cet intéressant document (1) ; nous en respectons, pour lui conserver son caractère original, l'ortographe quelque peu indépendante qui y règne.

(1) Archives de l'Aube : Cahiers de 1789.

CAHIER DES REMONTRANCES, PLAINTES ET DOLÉANCES
DE LA PAROISSE DE PALIS

La paroisse se trouve trop chargée d'impôts et est dans l'impossibilité de concourir aux Besoins de l'Etat, parce qu'elle est dans la plus grande indigence. — Que si les Biens des Eclesiastiques et Nobles qui sont sur son finage étoient proportionnellement chargée a ceux du Tiers-Etat cela rendroit un produit qui concoureroit aux Besoins presents.

Desirerait la suppression des Aides et Gabelles qui par le moyen de la liberté franche des vins, chair et cuirs pouroit soulager quoique en payant une somme par arpen de vigne et une autre par Bête qui se turoient aux Boucheries, par ce moyen on seroit a l'abri de touttes recherches et perceptions de ce genre qui se font qu'avec des exercices portés jusqu'à l'injustice.

Le sel ne peut il pas se rendre commercable cette denrée la plus utile portée Aujourd'huy à un prix excessif pouroit avoir une certaine diminution qui soulageroit le Miserable qui ne peut se passer et même consomme le plus de cet aliment.

Demandent que les droits de contrôlles et insinuations (1) ait un prix fixé et invariable parcequ'aujourd'huy ces droits ne se percoive que par la manière la plus singulière et suivant l'intention des preposés et receveurs.

Les quatre deniers pour livres accordés aux priseurs sur les ventes de Meubles sont aux yeux du Peuple le droit le plus dur et desagreable qu'il ni ait, Lequel est suporté presque toujours par des mineurs. Et lorsque c'est droits sont percus des vaccations et grosses furieuse par les huissiers ou leurs représentants Enfin les frais de Justice aussi prélevé Le montant des principaux se trouvent presque absorbé.

(1) C'est ce qu'on appelle actuellement *hypothèque.*

Remontre lesdits habitants que labreviation des Procedures est tres necessaire parce que la longueur et le grand Volume d'Ecriture qui se font sur les Procès entraîne une infinité de frais qui sont Ruineux, que malgré cela ont est obligé de plaider dans les justices subalternes plusieurs années pour voir la decision de la plus moindre affaire que les justices supérieurs en font de même et qu'Enfin les proces sont Totalement ruineux aux peuples ce qui fait que partie des habitans de campagne abbandonnent Leurs propres intérêts.

Se plaignent Lesdits habitans de la trop grande quantité de Gibier tels que lièvres et lapins qui sont sur leur finage et qui font un degas deplorable En Mangant les Emblaves jusqu'a la Racine. Ce qui ôte l'espoir du cultivateur pour la Recolte prochaine C'est pourquoi lesdits habitans demandent Le plus Promptement possible sur cette article que les seigneurs soient tenus de faire tuer et detruire ces maudits inceste ou qu'ils leurs soient permis de les detruire eux memes.

Se plaignent Aussi Lesdits habitans de ce que Les Mettiers a Bas Bonnets Et toiles de cotton ce Perpetuent considerablement dans cette paroisse ce qui est Nuisible a lagriculture quils seroit bon quils y Eu une fixation de faite de dix a douze de ces mettiers en concervant Les plus anciens faute de quoi La culture des biens ne pourra se faire a la suite.

Se plaignent aussi lesdits habitans d'un droit pretendus de Bannalités qui les obligent de Payer un huitiaime de leurs vins quoiquils y soient condamnés Par un Arrêt du Parlement En 1743. Comme la Circonstance Exige un long detail Ils demandent à s'expliquer en Temps et Lieu par un Mémoire separé.

Ont signé : *L. Portale, Charles Roy, François Mignot,* . . . . *etc., etc.*

Comme on a pu le remarquer, ce document ne porte pas de date, mais une mention mise en marge par un praticien de Pâlis et datée du 17 mars 1789, vient nous éclairer sur l'époque de la confection de ces doléances.

Les habitants y insistent d'une manière toute particulière sur les inconvénients qui résultaient alors de la procédure, ainsi que sur les droits de contrôle et d'insinuation. Assurément, ils avaient eu le temps de connaître la matière, et l'expérience qu'ils avaient sur ce sujet leur avait malheureusement coûté bien cher.

Ils n'allaient pas tarder à obtenir quelques satisfactions et à assister à l'effondrement de l'ancienne monarchie française, événement qui mettait un terme aux vexations et aux abus dont ils avaient été assez longtemps victimes.

Modifications administratives depuis 1789.

La Révolution française, on le sait, abolit les privilèges et mit toutes les communes sur un pied d'égalité. Dès lors, Pâlis recouvra une indépendance relative et cessa d'être une terre mouvante d'une terre voisine pour ne plus relever d'aucun seigneur.

Quand, en 1790, les anciennes provinces de la France furent divisées en directoires partagés eux-mêmes en districts, le village de Pâlis, qui avait toujours appartenu à l'Election de Troyes dans le gouvernement et généralité de Champagne, fit partie du Directoire du département de l'Aube et de la Municipalité de Marcilly-le-Hayer, dans le district de Nogent-sur-Seine, jusqu'en 1799, époque à laquelle Bonaparte, devenu premier consul, réorganisa de nouveau l'administration.

Depuis cette époque, Pâlis est resté désormais compris dans son ancienne municipalité devenue un canton de l'ancien district de Nogent, transformé lui-même en arrondissement du Département de l'Aube.

Au point de vue ecclésiastique, la paroisse de Pàlis a cessé d'appartenir à l'archidiaconé de Troyes et au doyenné de Villemaur, qui ont disparu eux-mêmes ; mais elle ressortit toujours au diocèse de Troyes.

Enfin, dans l'ordre judiciaire, la communauté vit disparaître ses officiers de justice, son auditoire, son pilori et son carcan ; elle ne ressortit plus à Saint-Lyébault ni au bailliage de Troyes. Ce fut aux tribunaux du chef-lieu de canton et du chef-lieu d'arrondissement que les affaires durent être portées, suivant leur importance.

VII. — Condition matérielle et morale des habitants sous l'ancien régime et de nos jours.

Histoire du travail. — Défrichement. — Morcellement. — Progrès de l'agriculture. — La bonneterie. — Augmentation du travail et de la production. — Augmentation des salaires et des denrées.

C'est par le travail rendu libre que Pàlis put connaître l'aisance et le bien-être qui jusqu'alors avaient manqué aux habitants. Quand il n'y eut plus de dîme à payer et que le laboureur fut assuré de conserver pour lui et sa famille tout le gain qu'il pouvait retirer de ses labeurs, l'agriculture prit un essor nouveau. On s'empressa de mettre en état les terres qui étaient en friches et de tirer le meilleur parti possible des mauvaises terres. Dès lors, Pàlis qui possédait en 1769, 500 arpents de friches (1), soit environ 210 hectares, n'en possède plus guère aujourd'hui que 40 hectares, chiffre qui lui-même tend de plus en plus à

(1) Archives de l'Aube : C. 1609. — (Questionnaire). Sur 500 arpents, 100 appartenaient à la communauté, et le surplus à des particuliers.

décroître. Les moins mauvaises de ces terres produisent en moyenne de 20 à 25 boisseaux de seigle ou d'avoine par année de culture et par arpent. Dans les plus mauvaises, on a depuis quelques années planté des sapins qui y réussissent très bien.

En 1769, on pensait que les terres incultes, si elles étaient défrichées et labourées une fois tous les dix ans, pour être ensemencées en seigle, avoine ou sarrazin, pourraient produire, pendant ce temps, 25 boisseaux de grain par arpent. Aujourd'hui, avec les progrès de l'agriculture, ces mêmes terres ne restent à sombre qu'un an sur six.

D'après un questionnaire de 1787, la communauté de Pàlis ne renfermait que 75 arpents, soit 31 hectares 65 ares de terres labourables (1); le reste était en la possesion du seigneur de Pàlis, du prieur de Clairlieu et d'autres personnes étrangères au pays (2). Il y a aujourd'hui 1,649 hectares de terres labourables sur le territoire de la commune, 354 hectares de bois, 24 hectares de vigne et 15 hectares de propriété bàtie. Le tout est divisé en 1152 parcelles appartenant à 754 propriètaires.

En 1789, malgré la destruction d'une partie des vignes de Pàlis, on en comptait encore 25 hectares 32 ares 49 centiares (3). Ce chiffre a sensiblement diminué depuis et ira s'affaiblissant de plus en plus, à cause du peu de rapport actuel de ces plantations et de la mauvaise qualité du produit. Par contre, les arbres à cidre qui n'existaient pas en 1787 (4), ont joui depuis d'une grande faveur. La produc-

---

(1) Archives de l'Aube : C. 1609.

(2) Le seigneur de Pàlis avait 650 arpents de terre sur lesquels il en louait 441. — Le prieur de Clairlieu 180 ; les hôpitaux de Troyes 236 ; la commanderie de Coulours 180, etc. — (Archives de l'Aube : C. 1603).

(3) Archives de l'Aube : P. 4521. — Il est à remarquer que les vignes plantées sur le finage de Villadin n'existent plus aujourd'hui.

(4) Archives de l'Aube : C. 1609.

tion du cidre est actuellement assez satisfaisante, comme quantité et comme quali:é, et suffit à la consommation d'une grande partie de la population.

Mais ce qui devait surtout amener la richesse au village, ce fut l'industrie de la bonneterie qui y prit naissance en 1783, ainsi que nous le révèle le questionnaire de 1787. Il y avait alors à Pâlis 17 métiers à faire des bas et des bonnets de coton et 4 métiers à faire de la toile de coton. De plus, 60 personnes étaient occupées à filer le coton sur 15 mécaniques et plusieurs rouets ou tours.

Cependant, l'industrie de la filature, de même que celle des toiles et des bonnets de coton ne persistèrent pas.

La fabrication des bas et des chaussettes prit, au contraire, une extension considérable. Et lorsqu'en 1789, la population s'inquiétait du développement que prenait cette industrie, elle ne se doutait pas que c'était elle qui allait apporter au pays l'aisance et le bien-être, sans pourtant préjudicier en rien, comme le craignaient les rédacteurs du cahier des doléances, à l'agriculture.

La prospérité industrielle à Pâlis a été telle, qu'en 1826 le nombre des métiers à bas était de 246, disséminés au domicile d'autant d'ouvriers dont le salaire moyen était de 2 fr. 25 par douzaine. A cette époque, la production industrielle était d'environ 20,000 douzaines de bas par an dont la valeur en masse pouvait être évaluée à 220,000 fr. (1).

Aujourd'hui, la commune de Pâlis renferme 196 métiers de divers systèmes, savoir : 17 rectilignes, 52 hollandais, 14 ribbing, 12 anglais et 101 français. Malgré une diminution apparente de 50 métiers sur 1826, la production n'a pas cessé de croître dans des proportions vraiment étonnantes, et cela, grâce à l'introduction au pays des grands métiers

(1) Archives de l'Aube : P. 4521.

d'invention récente qui remplacent très avantageusement
par leur rapidité les anciens métiers anglais et français à
pédales. On s'en rendra compte, du reste, quand on saura
qu'il se fabrique actuellement chaque année à Pàlis environ
116,000 douzaines de bas ou de chaussettes d'une valeur
totale de près de 780,000 fr. Sur les grands métiers, le
salaire de la semaine est très souvent de 100 fr., de 80 fr.
en moyenne. Il est de 10 à 15 fr. sur les anciens métiers
anglais et français (1).

Tous les produits ainsi manufacturés sont vendus à la
Halle de Troyes par les quatre fabricants de Pàlis qui occu-
pent le plus d'ouvriers. Quelques négociants d'Aix-en-Othe
et même de Troyes font également travailler à Pàlis.

Une conséquence naturelle du développement du travail
et de la production, ce fut l'augmentation des salaires et
des denrées.

On pourra mieux juger de cette augmentation en jetant
les yeux sur les tableaux ci-après, qui contiennent des
chiffres intéressants.

1er Tableau. — Salaires par an.

OUVRIERS	1787 (2)	1852
Domestique de ferme ...	» »	550 francs.
Servante..............	54 livres.	400 francs.
Berger	60 livres.	500 francs.
Charretier	90 livres.	2.53 par jour et nourri ou 4.50 non nourri.
Une journée de labour...	18 sols.	6 fr. en moyenne.

(1) Nous tenons ces chiffres des producteurs eux-mêmes et nous en
assurons l'exactitude.
(2) Archives de l'Aube : E. 184. Registre de compte de M. Desmarets

2ᵉ Tableau. — Denrées (1).

DENRÉES	1787	1800	1810	1820	1830	1840	1882
Pain (la livre).........	4	à	6ˢ	....	....	....	0.15
Viande (do)..........	7 à 8ˢ	....	.....	....	....	....	0.70 à 0.90
Beurre (do)...........	9ˢ	.....	.....	....	....	....	0.90 à 1.50
Œufs (la douzaine)....	5 à 9ˢ	....	.....	....	....	....	0.65 à 1.20
Poulet	19ˢ	....	.....	....	....	....	2ᶠ
	1781						
Froment (le boisseau)..	2ˡ5ˢ	3ˡ70	3ˡ	3ᶠ75	4ᶠ à 5.50	6ᶠ00	4ᶠ50
Seigle (do)......	1.5	1.14	2.4	1.60	3 à 3.50	4.00	3.45
Avoine (do)......	0.15	1.4	1.7	1.10	2.	1.60	2.00
Orge (do)......	1.00	1.8	1.8	'.10	2 à 2.25	2.50	3.00

Ces tableaux se passent de commentaires, car la hausse constante des salaires et des denrées y apparaît bien nettement.

Au moment de la *taxe*, en 1793, et après la dépréciation des assignats, le boisseau de froment atteignit à Pàlis le prix de 250 livres ; la feuillette de vin de 15 setiers valait à la même époque de 260 à 500 livres !

Histoire du bien-être. — La chaumière et la ferme au XVIIIᵉ siècle. — Vêtement. — Alimentation.

L'accroissement du travail, le développement de l'industrie amenèrent nécessairement un bien-être jusqu'alors inconnu dans le village de Pàlis.

Ce bien-être se traduisit par la construction d'habitations saines et confortables, par une alimentation plus abondante et plus variée, par la manière de se vêtir.

(1) Archives de l'Aube : E. 184. Pour les grains, nous avous pu retrouver leur valeur aux époques décennales indiquées sur le tableau, grâce à des notes manuscrites d'un habitant de Pàlis, depuis 1789 jusqu'en 1840.

Il est aujourd'hui bien loin le temps où le curé de Pâlis se défendant contre les plaintes des habitants, disait en 1739 : « Le presbytère est, comme tant d'autres (maisons), « une vieille masure, c'est-a-dire une vraye prison ; c'estoit » l'ancien goût, mais les misérables n'habiteroient pas au- « jourd'huy ce qui faisoit jadis la demeure d'honestes « gens (1). »

Ainsi donc en 1739 déjà, une transformation tendait à s'opérer dans l'habitation ; c'était la masure qui se chan- geait en chaumière ; depuis, c'est la chaumière qui a fait place aux maisons de pierre élégantes et confortables.

A l'intérieur, même complète métamorphose. Au xviii° siè- cle, l'habitation ne comprenait guère qu'une pièce ou deux. On y remarquait une grande cheminée, sous le manteau de laquelle pouvait s'asseoir toute la famille. Tout auprès, se trouvait le four à cuire le pain avec ses accessoires. Le lit était garni d'un « tour de serge verte à plusieurs pans », orné de ses « bonnes grâces » et sur le buffet en bois frui- tier, surmonté du porte-vaisselle, étaient rangées debout quelques-unes de ces belles assiettes de faïence à fleurs si recherchées des amateurs et si rares aujourd'hui. Toute la « terrasserie » occupait aussi plusieurs rayons. On y voyait encore une « table garnie de son châssis avec ses bancelles » et quatre à six chaises paillées (2).

Quelquefois il y avait aussi une armoire à un ou deux battants ; mais le plus souvent, le linge et les vêtements étaient placés dans des coffres fermant à clef.

Dans les ménages aisés, on se payait le luxe d'un petit miroir ; enfin nous avons constaté l'existence à Pâlis, vers

---

(1) Archives de l'Aube : C. 1609.

(2) Tous ces renseignements et ceux qui suivent proviennent du dé- pouillement de vieux inventaires. — Archives de l'Aube : Liasse des archives judiciaires de Pâlis.

la fin du xviiie siècle, de quelques « montres à l'eau, garnies de leur cadran. »

L'argenterie était assez rare. Elle consistait en croix d'or ou d'argent et en boucles d'argent ; nous avons également trouvé, mentionnée dans un inventaire, une tasse en argent. La verrerie elle-même n'était pas commune à Pâlis, car chaque ménage ne possédait guère que quatre ou cinq bouteilles de verre. On buvait dans des gobelets en étain ; les couverts étaient faits de ce même métal.

Aujourd'hui, la grande cheminée à l'antique a disparu presque partout et a été remplacée par le petit foyer à chambranles de marbre. Dans la plus belle chambre, la tablette de ce foyer est ornée d'une glace à cadre doré, d'une pendule généralement en zinc doré sur socle et sous globe et de quelques vases. La cretonne a pris la place de la serge verte dans l'ornementation du lit, et l'armoire se trouve partout.

De plus, de nos jours comme autrefois du reste, l'écurie est garnie d'une vache au moins et assez souvent d'un cheval ; la grange seule a été ajoutée à l'habitation depuis l'ancien régime, car, par suite de l'augmentation de la production rendue plus importante encore par le morcellement de la propriété, le sinot était devenu tout à fait insuffisant pour loger les récoltes.

Les modes pénètrent maintenant au village presque aussitôt leur apparition dans les villes, et on peut dire qu'il n'y a plus aujourd'hui d'originalité dans le costume de la population pâlisienne.

Il eût fallu voir autrefois les hommes avec leur veste de tirtaine ou de serge ratinée, laissant voir le gilet de coton brodé, avec leurs culottes de même étoffe que la veste ou de toile de coton barrée, et serrées par un cordon au-dessous du genou ; les jambes couvertes de longs bas bleus et les pieds chaussés de gros souliers garnis de boucles de métal et quelquefois d'argent.

Et les femmes, il eût été curieux de les voir avec leurs « coeffes » ou leurs cornettes de toile fine ou commune sur la tête, leurs longs mouchoirs d'étamine ou d'indienne à fleurs sur les épaules, leur corsage en « drap musqué » ou en étamine, leurs jupes de tirtaine, de molleton ou de colonnade rayée, par-dessus lesquelles un tablier de toile d'Ecosse à carreaux ou de crêpe de couleur.

L'alimentation était aussi bien loin de ce qu'elle est à notre époque. Pâlis, du reste, n'avait pas de marché au xviiie siècle ; de boulanger, de boucher, il n'en existait pas au village. Ce n'est guère que depuis cinquante ans environ que Pâlis possède tous ces avantages. Auparavant il fallait aller chercher les denrées de première nécessité, le pain et la viande, à Villemaur, plus souvent à Estissac, et quand une semaine le boucher de cet endroit n'avait pas tué, on était obligé d'aller à Troyes faire sa provision, comme fit M. de Pâlis en 1787 (1). Quant au pain, on en manquait assez rarement, chacun ayant chez soi son four.

Les pommes de terre, le laitage et quelques légumes, telle était la nourriture ordinaire de la population. La viande était un plat de luxe réservé pour les jours de fête ; c'est assez dire que l'on en mangeait bien rarement.

Les Écraignes.

Pâlis était un pays d'écraignes par excellence. L'*écraigne* de Pâlis était un souterrain creusé dans la craie à quelques mètres sous le sol. C'est là qu'avaient lieu les longues veillées du village ; on s'y réunissait pour travailler en

(1) Archives de l'Aube : E. 181 — Registre de compte de M. Desmarets.

racontant quelque histoire ; on y apprenait aussi les nouvelles de la journée.

Grosley, dans ses *Mémoires de l'Académie de Troyes* (1),
a fait un tableau remarquable de l'écraigne que l'on peut
considérer comme la reproduction strictement fidèle de ce
qui, au rapport des « anciens », se passait à Pâlis. Qu'on
nous permette d'en citer quelques passages :

« Au milieu de l'écreigne, dit Grosley, pend une petite
« lampe dont la seule lueur éclaire tout l'édifice et qu'on
« ne mouche jamais qu'avec les doigts. ... Chacune des
« survenantes, la quenouille au côté, le fuseau dans la
« quenouille, les deux mains sur le couvet et le tablier par
« dessus les mains, entre avec précipitation et se place
« sans cérémonie.

« Dès qu'on est placé, les mains quittent le couvet, ce
« dernier est porté à sa destination ; le fuseau est retiré
« de la quenouille, la filasse est humectée par un peu de
« salive, les doigts agiles font tourner le fuseau : voilà
« l'ouvrage en train.

« Mais tout cela ne se fait point en silence.... La conver-
« sation s'anime, toujours vive, toujours bruyante ; elle se
« soutient sans interruption jusqu'à l'heure où l'on se sé-
« pare. Les sujets qu'on y traite sont en grand nombre.
« On y disserte sur les différentes qualités et sur les pro-
« priétés de la filasse, on y enseigne la manière de filer
« gros ou de filer fin ; on parle de l'apparition des esprits ;
« on raconte des histoires de sorciers ou de loups-garous.
« Pour s'aiguiser l'esprit, on se propose certaines énigmes,
« vulgairement appelées *Devignottes* ; enfin l'on se fait mu-
« tuellement confidence de ses affaires et de ses amours,
« et l'on chante des chansons. »

(1) B. T., nº 111.

Telle était l'écraigne. Il en restait encore quelque chose au commencement du xix⁰ siècle, mais cette coutume a fini par disparaître entièrement.

Ce fut dans les nombreux souterrains qui servaient autrefois d'écraignes que, pendant la dernière invasion, les habitants de Pâlis cachèrent leurs objets précieux ; on y déposa de l'argenterie, des meubles et jusqu'à du linge.

**La population. — Ses rapports avec les progrès
de la richesse et de la moralité.**

A mesure que l'industrie prospérait, Pâlis voyait s'accroître sa population, comme l'indique le tableau suivant :

ANNÉES	POPULATION	MARIAGES	NAISSANCES	DÉCÈS
1787	572	.	..	..
1800	...	3	23	20
1810	...	6	32	10
1815	703	.	..	..
1820	712	9	30	11
1825	830	.	..	..
1830	863	17	21	13
1835	971	.	..	..
1840	1046	6	27	32
1845	1160	.	..	..
1850	1250	3	26	10
1860	1275	13	25	13
1866	1347	..	..	..
1870	....	7	26	34
1872	1371	..	..	..
1880	1328	10	28	28

Une chose qui frappe, lorsqu'on jette un coup d'œil sur

ce tableau, c'est le chiffre presque invariable des naissances, malgré l'accroissement constant du nombre d'habitants, accroissement qui se trouvera bientôt fatalement arrêté, si cet état de choses ne se modifie pas.

En même temps que l'aisance, la population vit·s'accroître sa moralité, et ses rapports avec les pays voisins devinrent plus cordiaux. Il y a moins de cinquante ans, des luttes continuelles avaient encore lieu entre les habitants de Pâlis et ceux de Villemaur, de Planty et de Pouy. Souvent il en résultait d'assez graves blessures qui nécessitaient parfois des opérations chirurgicales. On ne se fût pas battu avec plus d'acharnement contre de vrais ennemis. Les prétextes les plus futiles suffisaient pour engager le combat, auquel prenaient part tous les hommes de la commune. Actuellement, le calme est pour toujours rétabli, et les meilleures relations existent entre tous les villages.

L'ivrognerie, qui était aussi un mal assez commun pendant la première moitié de ce siècle, a presque totalement disparu maintenant.

Ce sont là les résultats admirables des progrès du travail et de l'instruction à Pâlis.

CHAPITRE TROISIÈME

ROLE DE PALIS DANS L'HISTOIRE GÉNÉRALE DU PAYS

Grands événements de l'histoire de France intéressant Palis.

Nous avons à retracer ici les invasions que le village de Pâlis a eu à subir de la part des armées, les exactions que les gens de guerre firent supporter aux habitants, les catastrophes qui marquèrent leur passage.

Ce n'est pas un des chapitres les moins curieux de cette modeste étude. Grâce aux quelques documents que nous avons pu trouver aux archives départementales et que nous nous sommes empressés de réunir, grâce aussi aux précieuses notes d'un habitant de Pâlis, contemporain de la Révolution française et du premier Empire, — notes pieusement conservées dans sa famille, — nous allons pouvoir retracer à grands traits les événements de notre histoire nationale auxquels le village se trouva mêlé.

C'est en 1576 que Pâlis eut à subir la première invasion que nous connaissions. C'était alors l'époque des guerres de religion. Condé, chef du parti protestant, venait de se réfugier en Allemagne, où il réunit une armée de mercenaires forte de 20,000 hommes, avec laquelle il pénétra en France afin de livrer bataille à l'armée catholique. Pour qu'on juge de la terreur que les reitres allemands répandirent dans le pays, nous allons reproduire textuellement un passage d'un registre du Chapitre de Saint-Urbain, de Troyes, écrit à cette époque (1) :

« Les Chapitres des Lundys xiv° et xxi° may, dit ce
« document, ont esté differez jusques au Lundy ensuyvant
« pour les empeschemens que toute la ville avoit a raison
« de la reception des païsans qui abordoient de tous costez
« en lad. ville avec leurs femmes, enfans, chevaulx, bœufz,
« vaches, veaulx, jumens, poullains, brebis, vollailles et
« meubles infiniz pour la crainte des reistres qui estoient
« venus en France à la suscitation du prince de Condé et
« aultres ses alliez, conduitz par le duc de Casimyr, alle-
« mands avec grand nombre de souisses, Lequels perdoient
« tout le pays tant des bleds estant en grange que sur
« terre qu'ils faisoient couper pour donner à leurs che-
« vaulx ; Emmenoient tout le bestial tant chevaulx que
« bestes a cornes et tout ce qu'ils povoient attraper ;
« Brusloient plusieurs villages entr'aultres PALIS, Mari-
« gny..... Massacroient plusieurs paisans tant hommes
« que femmes. Par quoi lesditz paisans furent contrainctz
« se absenter de leurs fureurs et se vindrent rendre en
« notre ville..... »

Comme on le voit dans le récit contemporain des événements que nous venons de retracer, Pâlis n'échappa pas à la fureur des soudards allemands et il fut complètement réduit en cendres ; c'est aussi à cette époque que l'on fait remonter la destruction du hameau de Tricherey qui ne figure plus dans le dénombrement de 1621.

____

(1) Archives de l'Aube : Fonds de l'Evêché, n° 1224 (Registre).

Plus heureux que Tricherey, Pâlis se releva de ses ruines ; mais, moins d'un siècle plus tard, de 1651 à 1656, il eut à souffrir le passage constant de gens de guerre (1).

La paix de Westphalie venait d'être signée en octobre 1648 ; elle mettait un terme à la fameuse guerre de Trente Ans. L'armée de Turenne dut donc quitter l'Allemagne où elle opérait et rentrer en France. C'est très certainement à des bandes indisciplinées de soldats enivrés de succès et de pillage que le village se trouva alors livré. Peu s'en fallut que le désastre ne fût aussi complet qu'en 1576 ; les champs, en effet, furent ravagés, les bestiaux capturés, les chevaux pris et emmenés.

Les pauvres habitants eurent sans doute à redouter la brutalité de ces troupes sans ordre, car tous abandonnèrent leurs maisons qui furent livrées au pillage. Seul, le curé resta au pays pour protéger son bien (1).

Jusqu'à la Révolution, Pâlis ne paraît pas avoir eu à supporter de nouvelles invasions ou des passages de troupes aussi désastreux que les précédents.

Lorsqu'en 1789 s'écroula l'ancien régime pour faire place à une ère nouvelle, la population pâlisienne dut accueillir avec enthousiasme un événement qui la délivrait des exactions que, depuis plusieurs années, le seigneur lui faisait endurer.

En août 1792, quand la France nouvelle eut à faire face à une foule d'armées étrangères qui tentaient d'envahir son sol, on fut obligé de renoncer au mode de recrutement volontaire. La commune de Pâlis devait fournir, pour sa part, six soldats aux armées de la Révolution. Un scrutin pour les désigner eut lieu à Villadin, alors chef-lieu de can-

____

(1) Archives de l'Aube : G. 769.

ton. Tous les hommes mariés âgés de moins de 60 ans y prirent part, les garçons s'abstinrent en masse.

Parmi les six qui eurent l'honneur d'être choisis pour défendre la patrie en danger, l'un se fit racheter et un autre se trouva exempté pour cause d'infirmités. En mars 1793, la commune eut encore à fournir six nouveaux soldats. De ceux désignés par le sort, trois se sont trouvés infirmes et ont dû être immédiatement remplacés. Deux de leurs successeurs se trouvant dans le même cas, on fut obligé de procéder à un nouveau tirage de deux autres noms : ce furent précisément ceux de deux jeunes gens qui avaient déjà été désignés au mois d'août précédent et qui avaient déserté. La commune remit à chacun des conscrits, sans doute à titre d'encouragement, une somme de 150 livres. En août 1793, quatorze autres jeunes gens de Pâlis se rendirent encore à l'armée.

Si tous les héros de la Révolution avaient ressemblé au contingent fourni par Pâlis, les alliés auraient eu la part belle. En 1794, nous retrouvons en effet dans leurs foyers tous ceux qui étaient partis les années précédentes ; les uns y étaient revenus par désertion, les autres avaient eu soin de se munir de billets d'hôpital. Trois ou quatre seulement eurent le courage de ne pas abandonner le poste d'honneur que leurs compatriotes leur avaient confié. Plusieurs fois, ceux qui avaient quitté l'armée reçurent l'ordre de rejoindre ; mais ils se gardèrent bien d'obéir, et s'empressèrent de se marier pour se soustraire à l'obligation du service militaire.

Pendant les années 1794 et 1795, la disette régnait presque sur le pays. En 1795 surtout, le pain était si rare que tout voyageur devait, pour n'en point manquer, en porter avec lui, car il eût été impossible d'en trouver dans les auberges. A cette époque de dépréciation du papier-

monnaie (assignats), chacun cachait son argent, et toutes
les transactions s'opéraient au moyen d'échanges. L'ouvrier
lui-même se faisait payer en grain; il refusait d'accepter en
paiement le papier qu'on lui offrait.

En 1798, le Directoire ordonna une levée en masse ; tous
les hommes valides de 20 à 50 ans non mariés ou qui
l'étaient seulement depuis le 21 décembre 1797, durent
être prêts à reprendre les armes. D'abord on n'appela que
les jeunes gens de 20 ans, et si cette réquisition ne pouvait
réunir 200,000 hommes, on devait appeler la classe précédente et ainsi de suite jusqu'à ce que le chiffre voulu fût
atteint. A Pâlis, un seul homme partit, quoique marié. Mais
il avait, sans doute, peu de goût pour son nouveau métier,
car il s'échappa à différentes reprises.

Nouvelles levées en avril et octobre 1799. Refus absolu
des conscrits de Pâlis de se rendre à leurs corps respectifs.
On dut avoir recours à la force armée pour les décider à
quitter leurs foyers. Les hommes mariés s'étaient cachés
dans les bois pendant que des gendarmes étaient installés
chez eux, buvant et mangeant aux frais des réfractaires. Il
fallut pourtant céder et partir ; il est vrai qu'à peine arrivés
à Troyes, tous s'évadèrent.

En 1800, aucun conscrit ne répondit encore à l'appel qui
fut envoyé à chacun d'eux. Ils eussent été sérieusement in-
quiétés cette fois, sans la signature d'une amnistie accordée
par le premier consul aux déserteurs, et dont ils profitèrent.
Nous devons noter, en passant, la sécheresse extraordinaire
de l'été de 1800, qui fut telle que tous les puits du pays
tarirent et que les habitants durent aller chercher de l'eau
à une lieue de chez eux, dans la rivière de Vanne.

L'année 1801 devait voir momentanément s'apaiser les
hostilités, car en février, fut signée la paix de Lunéville.
Nous n'allions plus avoir en face de nous que l'Angleterre.

Bonaparte congédia alors pour sept mois le quart de l'armée. Parmi ceux qui rentrèrent dans leurs foyers, après avoir participé à une longue série de triomphes et à de glorieuses victoires, se trouvaient les nommés Pierre Carré et Edme Maillard qui, plus soucieux de leurs devoirs et de l'honneur du pays que beaucoup de leurs compatriotes, n'avaient pas abandonné leur poste depuis le 10 août 1792, date de leur départ de Pàlis.

Lorsque deux ans plus tard la paix d'Amiens, conclue avec l'Angleterre (mars 1802), eut été rompue, lorsque Bonaparte eut réquisitionné tous les charpentiers de la République pour les envoyer travailler à la construction d'une flottille de 12 à 1,300 bâtiments qui, d'un seul coup, devait jeter sur la rive anglaise une armée de 150,000 hommes, Pàlis dut contribuer à la fourniture des bois nécessaires à la réussite de cet audacieux projet. Alors tous les grands arbres des bois communaux et de la réserve située au lieu dit Sorbillon, tombèrent sous la hache des bûcherons, furent équarris sur place et immédiatement envoyés à Sens. On sait quel échec subit ce plan magnifique conçu par Bonaparte devenu dans l'intervalle Napoléon Ier.

Jusqu'en 1814, rien de particulier n'est à signaler dans la commune de Pàlis. Il semble même que le retentissement de nos victoires ait rendu le courage aux conscrits du village, car il n'est plus question de désertions dans les notes contemporaines que nous avons consultées.

Cependant, après une série de triomphes qui, depuis 1792, n'avait jamais été interrompue par un revers et telle qu'il ne s'en était jamais rencontré dans aucune histoire, la France allait entrer dans la période néfaste des désastres. Vaincus à Leipsick, le 16 octobre 1813, les débris de la Grande-Armée battirent courageusement en retraite vers la France, suivis de près par les armées réunies de l'Europe coalisée.

Le 7 février 1814, à onze heures du soir, 3,000 Allemands occupèrent le village de Pâlis et y restèrent pendant trois jours, réquisitionnant chevaux, charrettes et laboureurs. Tous les jours suivants jusqu'au 19, il y eut des passages de troupes étrangères. Enfin, dans la nuit du 20, on apprend au village l'approche de l'armée française, redevenue un instant victorieuse jusqu'à la fatale bataille de Bar-sur-Aube. Le 5 mars, l'ennemi rentrait à Pâlis aussi nombreux que la première fois. Par crainte de la vengeance et pour les soustraire au pillage, les habitants avaient relégué dans les bois bois une grande quantité de bestiaux ; peine inutile : devant les menaces de l'ennemi, il fallut les ramener au pays. On vit encore, vers la fin du mois, quelques groupes de cosaques isolés qui, à eux seuls, firent autant de mal que toutes les troupes précédentes.

Enfin le 31 mars venait d'être signé une suspension d'armes. Marmont avait capitulé sous les murs de Paris. L'Europe coalisée était, cette fois, bien victorieuse. Le 6 avril, Napoléon abdiquait à Fontainebleau. La nouvelle de ces événements, qui n'arriva à Pâlis que vers le 8 avril, y causa un grand soulagement et fit oublier tous les maux passés.

Malheureusement le calme ne devait pas être de longue durée. Napoléon, de retour de l'île d'Elbe, redevint le maître effectif de la France. Une levée en masse eut lieu, qui n'empêcha pas le désastre de Waterloo et la rentrée des alliés sur notre territoire.

Le 20 juillet 1815, 180 lanciers tartares vinrent séjourner à Pâlis ; ils y restèrent jusqu'au 1er août. La commune contribuait pour deux tiers et Planty pour un tiers à leur subsistance. Comme on manquait d'avoine, on fut obligé de faucher celles qui étaient encore sur pied, bien qu'elles fussent à peine mûres ! C'est là une des mille cruelles né-

cessités de la guerre. Lorsque cette troupe de cosaques se
fut retirée, on ne vit plus à Pàlis que 150 fantassins bava-
rois qui séjournèrent pendant les trois premiers jours de
novembre, sans montrer de trop grandes exigences.

Dans la répartition de l'indemnité accordée à l'arrondissement de Nogent, pour les dégâts causés par l'invasion,
Pàlis fut compris pour 800 francs seulement (1).

Le village recouvra alors sa tranquillité habituelle, mais
eut à supporter des souffrances d'un autre genre que celles
de l'invasion.

Le pain était fort cher, en 1817, car on ne trouvait pas
de blé pour en fabriquer; à Pàlis, on en fut réduit à man-
ger du pain d'avoine. Aussi, sur plusieurs points du dépar-
tements de l'Aube, des révoltes éclatèrent. Plusieurs bandes
se formèrent qui voulaient enlever les magasins de grains
établis dans les villes par quelques accapareurs. Une de ces
bandes, forte de 50 personnes, passa le 3 juin à Pàlis, pilla
les quelques boisseaux de blé qu'elle y put trouver et con-
tinua sa marche vers le Mesnil-Saint-Loup, où les gendarmes d'Estissac, aidés des habitants, la dispersèrent.

L'avènement de Charles X ne provoqua aucun mouve-
ment dans le pays, pas plus que ne paraît avoir fait la
Restauration. Il n'en fut pas de même après les *trois glorieuses*, en juin 1830, quand le duc d'Orléans, lieutenant-
général du royaume, monta sur le trône de France sous le
nom de Louis-Philippe Ier. Pàlis salua avec enthousiasme le
nouveau monarque, arbora le drapeau tricolore et brisa la
fleur de lys qui fut remplacée par le vieux coq gaulois.
A l'exemple des villes, la commune eut sa garde nationale,
composée de 200 hommes commandés par deux capitaines,
qui furent les nommés Baptiste Vincent et Alexis Odot.

(1) Archives de l'Aube : R. 4073.

Il fallut, pour troubler la paix qui régnait au village depuis 1815, les tristes événements de 1870, encore présents aujourd'hui à toutes les mémoires.

Notre département fut l'un des premiers que l'ennemi occupa. Au commencement de novembre, l'armée du prince Frédéric-Charles entrait à Troyes, venant de Metz et se dirigeant sur Orléans. Le 11, 2,000 hommes d'infanterie prussienne et un régiment de cuirassiers blancs poméraniens séjournèrent à Pâlis.

« Viande, volaille, vin, écrit M. l'instituteur Gruyer dans une note rédigée à ce moment, tout ce que les habitants possédaient dut y passer. Et pendant que ces lourds vainqueurs dévoraient en un jour des vivres qui eussent pu les nourrir trois fois plus longtemps, leurs chefs s'emparaient de toutes les armes de chasse et frappaient la commune d'une réquisition de 4,000 kilogrammes d'avoine. Comme cette réquisition n'arrivait pas assez vite, à leur gré, l'officier chargé du service se rendit à la mairie. Il y trouva la municipalité en permanence et proféra contre le village des menaces de pillage et d'incendie, si, dans un délai qu'il fixa, l'avoine ne lui était pas livrée.

« Alors, voulant éviter de grands malheurs à leurs concitoyens, les élus de la commune décidèrent de fournir, au lieu de l'avoine dont on manquait, du seigle et du froment (1). »

Le 15 novembre, une nouvelle troupe de 2,500 hommes, composée du 3ᵉ régiment d'infanterie royale et d'un escadron de dragons succéda à la première. Cette fois, et par exception, aucune réquisition n'eut lieu. C'est alors que

____

(1) C'est encore à l'obligeance habituelle de M. Gruyer que nous pouvons retracer en détail les événements de 1870. Nous lui renouvelons, à cette occasion, nos meilleurs remerciements pour l'accueil si sympathique et si franc que nous avons toujours trouvé auprès de lui.

mourut le curé Pioley qui dut, malgré sa vieillesse et ses infirmités, écouter les insultes et les menaces de mort des soldats ennemis. Ceux-ci, en effet, le sommaient de leur livrer, séance tenante, l'officier français à qui ils croyaient qu'appartenaient le chapeau et les épaulettes de suisse qu'ils venaient de découvrir.

Jusqu'à la conclusion de l'armistice, aucune troupe étrangère ne vint plus souiller la demeure des habitants. De temps à autre seulement, des vivres durent être fournis à la *Commandantur* d'Estissac et des contributions de guerre furent frappées sur la commune.

Après la conclusion de la paix, l'ennemi, en retournant chez lui, repassa par Pâlis et logea chez l'habitant. Il y eut cinq passages. Celui du 18 février 1771 donna lieu à l'épisode suivant:

Une avant-garde d'artillerie s'était arrêtée au domicile d'un honnête cultivateur. Au moment du départ, un des hommes chercha vainement sa pipe. Il accusa celui qui avait été son hôte malgré lui de la lui avoir soustraite, et le menaça même de son sabre. Au bruit, les voisins accoururent ainsi que les compagnons du soldat. Une discussion s'engagea, une bataille était imminente. Alors survint le chef de la colonne. Celui-ci se fit expliquer l'affaire par un des siens, et dit au cultivateur dans un langage au moins aussi barbare que sa personne : « Mes soldats sont d'honnêtes gens. On a pris une pipe à cet homme, qu'on la lui rende ou j'ordonne le pillage de la maison! » Un voisin offrait de payer l'objet disparu et en demanda le prix. « Un thaler (1), répondit l'officier, mais je veux dix francs. » On lui donna deux pièces de cinq francs ; il en remit une au soldat et garda l'autre pour lui.

____

(1) Le *thaler* vaut 3 fr. 30.

Au lecteur d'apprécier cette manière d'agir de l'officier supérieur prussien, quoique en territoire ennemi.

Cette dernière invasion coûta à la commune de Pâlis plus de 37,000 francs. Pour les payer, il fallut recourir à un emprunt de 22,500 francs.

CHAPITRE QUATRIÈME

LES ANCIENS HAMEAUX

Le territoire des Pannetières (Paneteires, Panetaria, Panetarie, Peniterie), dont nous avons eu déjà l'occasion de parler dans le cours de ce travail, dépendait au xiie siècle du fief des seigneurs de Traînel. En 1151, Thibault II, comte de Champagne, fait savoir par une charte que Hugues Adenches, qu'il ne désigne point autrement, a donné à Dieu et aux lépreux des Deux-Eaux tout ce qu'il possède sur le territoire de Pannetières. De ce moment, les donations se succédèrent, assez fréquentes. En 1189, c'est Garnier de Traînel qui atteste que sa sœur Elisabeth a concédé à titre d'aumône, au profit de cette maison, l'usage du bois mort dans la forêt de Pâlis, mais seulement du bois tombé ou coupé (1). C'est encore Guitère, écuyer, et Gauthier, vicomte de Villemaur, qui font la même année une concession semblable dans les parties de cette même forêt qui leur appartenaient. Nous devons signaler parmi les signataires de cette charte un certain « Romandus, villicus de Paleiz. »

(1) Harmand : Notice sur la Léproserie des Deux-Eaux, suivie d'un cartulaire. B. T., n° 522.

Au xiiie siécle, Guerric, de Soutoir et Gilon, son fils, après avoir élevé tous deux plusieurs réclamations sur la ferme des Pannetières, y renoncèrent en 1212.

En 1235, Anselme dit Char, chevalier, a donné et concédé pour le salut de son âme, à titre d'aumône perpétuelle à la Léproserie des Deux-Eaux, tout le revenu qu'il avait coutume de percevoir sur les terres dépendant de la grange de Pannetières (in omnibus terris pertinentibus ad gainnagium cujusdam Granchie dicte domus que Granchia vocatur Paneteires). En reconnaissance de ce bienfait, le maitre de la Léproserie donna au chevalier (memorato militi) 4 livres, monnaie de Provins, et 2 setiers d'avoine, mesure de Ville-maur (1).

Enfin, en 1239, par suite de l'acquisition faite alors de tous les droits et revenus que possédait sur ce territoire Jean, fils de feu Guichard, chevalier, les Pannetières devinrent la propriété de la Léproserie des Deux-Eaux.

Nous perdons ensuite l'histoire de cette maison, qui dut être détruite dans le courant du siècle suivant. Toutefois, la terre resta la propriété des hospices de Troyes, qui avaient recueilli l'héritage de la Maladrerie ou Léproserie des Deux-Eaux.

Vers 1850, les bois qui composaient ce domaine furent aliénés et le propriétaire de la ferme de Clairlieu s'en rendit acquéreur.

Quant à Tricherey, nous avons à peu près dit, dans le cours de l'histoire de Pâlis, tout ce que nous en savons. Ce hameau, qui dépendait au xiie siècle, comme les Pannetières, du fief des seigneurs de Traînel, fut réuni ensuite à la terre de Pâlis par Hugues de Mailly et saisi sur ce sei-

____

(1) Harmant : Notice sur la Léproserie de Troyes et cartulaire. B. T., n° 522.

gneur par le duc de Bourgogne, en même temps que la terre dont il faisait partie.

Rien de particulier n'est à signaler dans l'histoire de ce hameau, dont on fait remonter la destruction à 1576.

La commanderie de Coulours (Yonne), de l'ordre des Templiers, possédait aussi à Pâlis quelques terres (environ 180 arpents), situées au lieudit les Essarts (1). Nous ignorons à quelle date remonte cette possession, mais nous ne la voyons figurer que sur des pièces du xviiie siècle. Les bâtiments de ferme devaient être de peu d'importance, et n'existent plus aujourd'hui.

(1) Archives de l'Aube : C. 1608-C. 1609.

NOTICE HISTORIQUE

SUR LE

PRIEURÉ DE NOTRE-DAME DE CLAIRLIEU

Situation. — Origine. — Les bâtiments du prieuré.

Notre histoire de Pâlis serait évidemment incomplète si nous n'y ajoutions pas une notice historique sur l'ancien prieuré de Clairlieu, dont les bâtiments actuellement transformés en ferme existent encore sur le territoire même de la commune qui nous occupe.

Nous aurions voulu pouvoir faire l'histoire complète de ce couvent; mais, bien malgré nous, nous avons dû nous borner à une courte notice. Nous n'avons malheureusement pas été favorisé, en effet, dans les recherches que nous avons entreprises aux archives de la Haute-Marne, de Meurthe-et-Moselle, de Seine-et-Marne, de la Côte-d'Or et de l'Allier, où nous avions quelque chance de découvrir quelque intéressant document. En sorte que des pièces sans doute fort curieuses et très importantes dont nous avons retrouvé la liste aux archives de l'Aube, ont échappé à notre examen.

Aussi, est-ce avec regret que nous constatons les lacunes qui existent inévitablement dans cette étude finale.

Situé à trois kilomètres à l'ouest de Pâlis, dans un site ravissant, blotti au fond d'une gorge étroite et encadré de grands bois verts, le prieuré de Clairlieu, de l'ordre de Saint-Benoist (1), était un lieu de retraite des mieux choisis et un séjour des plus agréables.

Nous ne sommes pas absolument fixé sur la date exacte de la fondation de ce monastère. Courtalon en place l'origine à la fin du ixᵉ siècle. Nous savons toutefois que ce fut le frère Viard, convers de la Chartreuse de Ligny et instituteur du Val des Choux au diocèse de Langres, qui le fonda. Il reçut à ce sujet des lettres de confirmation du pape Innocent III (2).

Ce prieuré fut en partie détruit pendant les guerres de religion et probablement en même temps que le village de Pâlis, en 1576. Cette destruction est attribuée à un acte de vengeance des huguenots.

D'après la tradition, cinq chevaliers de la maison de Saint-Phal, revenant d'une expédition, demandèrent l'hospitalité pour la nuit aux religieux de Clairlieu. Ceux-ci, dit-on, après avoir accédé avec empressement à leur demande, auraient profité du sommeil des chevaliers pour les assassiner. Le fait est-il vrai ? C'est M. Mauchaussé qui le rapporte sans en indiquer la provenance, et nous n'en avons trouvé trace nulle part.

En 1657, ce qui restait du monastère menaçait ruine. A l'intérieur, plus de meubles. Ils avaient été emportés avec le linge, les chasubles, le calice et les livres saints par les héritiers du prieur défunt, qui n'avaient rien eu de plus pressé que de les vendre (3).

Au xviiiᵉ siècle (1742), le prieuré conventuel et électif de Clairlieu, fut, comme le chef-lieu de l'ordre du Val des

---

(1) M. Monchaussé, sans doute par erreur, dit que ce prieuré était de l'ordre des Bernardins.

(2) Courtalon : Histoire manuscrite de Villemaur. B. T. Ms. 2254.

(3) Archives de l'Aube : G. 709.

Choux, réuni à l'abbaye de Septfons avec tous ses droits (1).

D'importantes réparations y furent faites en 1728. A cette époque, le prieuré comprenait une chapelle et plusieurs bâtiments dans lesquels se trouvaient les chambres ou cellules des religieux, une écurie, une grange, cour, jardin et verger. Le tout contenait environ trois arpents. A côté était la maison du « rentier », c'est-à-dire du fermier, avec granges, étables, bergeries, etc. Ces derniers bâtiments constituaient la ferme proprement dite avec 200 arpents environ de terre sur Pâlis.

En 1792, les bois du couvent furent confisqués et M. Jean-Baptiste Odot, qui en était déjà fermier, en devint acquéreur.

Une aile entière de l'ancien monastère existe encore à la ferme actuelle de Clairlieu. Les murs ont 1 mètre d'épaisseur, 15 mètres de haut et 25 mètres de long, avec 14 fenêtres à l'étage supérieur.

L'ancien réfectoire des moines sert aujourd'hui d'écurie.

La chapelle, dont le sanctuaire était au sud-est, est maintenant transformée en grange. Elle avait 16 mètres de profondeur et était en contre-bas du sol. Le clocher qui la surmontait prenait naissance au-dessus du chœur. Le jour pénétrait à l'intérieur par cinq fenêtres en ogive dont on ne voit plus que la partie inférieure. Une des statues qui ornaient la chapelle, sainte Agathe, se trouve à l'église de Planty.

Mais la partie la plus curieuse de la ferme actuelle, est, sans contredit, le rez de chaussée dont les deux principales pièces ont conservé le style que leur avaient donné les religieux. Dans chacune d'elles, on remarque une vaste cheminée de trois mètres d'ouverture de foyer et de deux

____

(1) Archives de l'Aube : 142/19, cote E (carton 3 H).

mètres de hauteur. Les chambranles sont en bois sculpté, ornés de guirlandes et de chimères avec un écusson au milieu.

Sur l'un des chambranles, à gauche de l'écusson, est gravée en lettres gothiques l'inscription suivante dont le sens est très équivoque :

Audentes animos felicia numina dicunt

et à droite est écrit le complément du distique :

Audebunt timidi segnia corda viri. 1540.

Sur l'autre chambranle est encore écrit ce vers latin bien connu :

1540. *Audaces fortuna juvat timidos que repellit.*

Au-dessus de la cheminée existent des niches qui ont dû contenir jadis des statues religieuses.

Revenu.

Le prieuré de Clairlieu a reçu de bonne heure des donations importantes en biens-fonds répartis dans plusieurs localités. Courtalon dit que la richesse de cette maison n'a pu venir que de la munificence des comtes de Champagne. Toutefois, en 1230, nous voyons Anseau, seigneur de Traînel, faire don aux moines de Clairlieu d'une rente de quatre setiers et demi de grains dans les coutumes d'Aix (1).

Grâce à son revenu, dès le xiv⁰ siècle, le prieuré dut contribuer aux levées de décimes ordonnées par l'autorité ecclésiastique. Ainsi en 1381, quand le clergé du diocèse de Troyes dut accorder une aide ou subside au roi Charles VI, le prieuré fut taxé pour lx sols (2).

(1) Archives de l'Aube : G. 511.
(2) Pouillé, n⁰ 114. B. T.

En 1457, lors de la levée de l'impôt pour la défense de la foi contre les Turcs, la quote-part des religieux de Clairlieu fut de xx sols (1).

Au siècle suivant (xvie), pendant les guerres de religion, Henri III, avec l'autorisation du pape, frappa sur le clergé un emprunt de 50,000 écus de rente pour payer les mercenaires allemands qui étaient venus ravager le pays en 1576. Mais cette fois le prieuré, qui venait de subir des pertes considérables, n'avait plus un revenu suffisant pour payer les 4 écus de rente dont il était chargé. Il fallut, pour s'acquitter, vendre une partie des biens du couvent (2).

Il en fut de même en 1578, époque à laquelle le prieur aliéna pour 478 livres 5 sols tournois de, biens, afin d'acquitter la somme de 472 livres 9 sols 4 deniers obole, à laquelle le couvent avait été de nouveau imposé (2).

Enfin en 1657, il demanda à être exempté du paiement du denier accordé au roi par l'assemblée du clergé et la réduction à moitié de sa taxe ordinaire des décimes à cause des charges énormes auxquelles il eut alors à contribuer comme on le verra plus loin.

En 1657, le revenu de cet établissement consistait dans :

1° Le domaine du prieuré, comprenant 200 arpents de terres labourables « fort ingrattes, froides et morveuses, « plus propres à porter bois que bleds, de telle façon que « le prieur fournit la moitié des semences à son fermier et « n'en recueille que le tiers à la moisson. » Sur les deux tiers de ce domaine qui sont, chaque année, ensemencés, le prieur a 42 arpents pour sa part, tant en blés qu'en avoines· Leur production peut être évaluée à 40 grands setiers de grain, sur lesquels il y a à déduire 8 ou 9 setiers

(1) Pouillé, n° 111. B. T.
(2) Archives de l'Aube : G. 229. (Registre.)

de semences fournis par le bailleur ; le reste peut être
estimé.. 180 livres.

2° Deux pièces de bois taillis de 25 arpents
chacune. L'une d'elles a été engagée les années précédentes, et par suite n'est d'aucun
rapport. Quant à l'autre, le bois que l'on y
coupe sert au chauffage de la maison et du
fermier ; on ne la porte donc que pour mé-
moire... .... (Mémoire.)

3° Les dîmes de grain de la paroisse de
Pâlis estimées.. 200 livres.

4° Une portion des dîmes de la paroisse de
Paisy estimée (1)..................................... 30 —

5° Un tiers des dîmes de grain de Bourdenay, dont on peut retirer, dans les bonnes
années, environ 60 setiers ; mais, en moyenne,
cette portion n'est estimée que................. 90 —

6° Enfin quelques censives et droits seigneuriaux, dont le revenu s'élève à .... 20 —

Le revenu total du prieuré était donc, au
XVIIe siècle, de 520 livres seulement (2)..... 520 livres.

La plupart des dîmes que nous venons de nommer étaient
louées à des fermiers.

Auparavant le revenu du prieuré était bien plus considérable, car il y avait jusqu'à quatre ou cinq religieux qui
y habitaient. Par exemple, à ce moment, le prieur percevait 12 muids de froment sur le domaine de Saint-Florentin (Yonne) ; le grenier à sel de Villemaur lui délivrait gra-
tuitement 4 minots de sel ; le four banal du même endroit

<hr>

(1) Archives de l'Aube : C. 1606-G. 769. — Inventaire manuscrit des
titres de Montier-la-Celle (3526). — 45 II.

(2) Archives de l'Aube : G. 769.

lui appartenait, ainsi que le tiers des bois et usages de Marcilly-le-Hayer.

Il est vrai aussi que, par la suite, ce revenu, qui s'était affaibli au xvii⁰ siècle, s'accrut notablement au xviii⁰, car, en 1756, il s'élevait net à 1,013 livres, et, au moment de la Révolution, nous le trouvons parvenu au chiffre de 2,298 livres (1). Ces différences proviennent principalement de la location du domaine de Clairlieu, dont le chiffre a constamment augmenté.

Charges.

Le prieuré de Clairlieu, en retour des perceptions de dîmes qu'il avait le droit de faire, devait contribuer à certaines charges qui, en 1657, réduisaient le revenu à 213 livres environ. Cette somme ne pouvait alors suffire à la nourriture du prieur qui avait encore à payer trois ou quatre domestiques (1).

En 1728, le prieur de Clairlieu était chargé des deux tiers des réparations à faire au chœur de l'église de Pàlis et d'un tiers de celles de l'église de Paisy.

A Bourdenay, il devait également contribuer pour un tiers à la réparation du chœur et du clocher de l'église (2).

Cette même année, le revenu du monastère se trouva grevé de dettes considérables. Le prieur dut faire réparer ses bàtiments qui menaçaient ruine; il se lit, à cette fin, autoriser par la maîtrise des eaux et forêts à couper, pour se procurer de l'argent, 54 arpents de bois dont la vente produisit 6,000 livres. Il avait, en même temps, à participer pour 13,000 livres dans les frais de la restauration qui venait d'être faite aux églises de Pàlis et de Paisy, et pour

(1) Archives de l'Aube : G. 769.
(2) Archives de l'Aube : 45 H. (Carton.)

2,000 autres livres dans les réparations faites à celle de
Bourdenay. Il se trouvait donc encore sur ces 15,000 livres
à payer, en retard de 9,000 livres. Et, comme il le fait lui-
même remarquer dans sa déclaration à l'assemblée générale
du clergé de France, le tiers de son revenu n'étant alors que
de 300 livres, il lui faudra plus de 30 ans pour se libérer;
quant aux deux autres tiers, ils lui sont nécessaires pour
subvenir à sa nourriture et à son entretien avec un frère
ou deux et un domestique (1).

Les Prieurs.

Nous n'avons pas pu établir la liste complète des prieurs
qui ont administré Clairlieu. Nous allons, néanmoins, donner
les noms de ceux que nous connaissons, avec la date des
pièces sur lesquelles ils figurent (2). Ce sont :

1447. Frère Odrisset (3).
1551. Denis Gillain (4).
1578. Nicol du Rozay (5).
1646. Bonaventure Regnier (6).
1651. Jean Maignin. — Claude Raymond, sous-prieur (4).
1657. Pierre de Bellemanière (7).
1699. Jean Braconnier (8).
1702. Dom Claude Potet (9).
1719-1731. Dom Bruno Brand (10).

(1) Archives de l'Aube : Carton 45 II.
(2) Archives de l'Aube : Carton 3 II, 142/19 (cote E).
(3) Courtalon : Hist. de Villemaur. B. T. Ms. 2254.
(4) Archives de l'Aube : Carton 3 II, 142/19 (cote E).
(5) Archives de l'Aube : G. 229 (registre).
(6) Inventaire manuscrit des titres de Montier-la-Celle.
(7) Archives de l'Aube : C. 1608 (Rôles des tailles). — G. 769. —
Reg. 233.
(8) Archives de l'Aube : C. 1608. (Rôles des tailles).
(9) Archives de l'Aube : Carton 3 II, 142/19 (cote E). — C. 1608.
(10) Archives de l'Aube : Carton 3 II, 142/19 (cote E).—45 II (carton).

1726. Frère Benoît Leleu, gérant du prieuré (1).

1732. Dom Athanase Incelot (2), desservant.

(?)   Dom Burgurieu (3).

1768. Daniel Vivant Viesse (4).

Les prieurs étaient nommés par le roi et mis en possession en vertu de bulles qui leur étaient accordées par le pape (5). Plus tard, cette maison religieuse fut mise en commande, c'est-à-dire que l'administration en fut confiée par le roi à des personnages laïques qui en touchaient les revenus, sans même y résider.

L'administration du prieuré ne fut pas toujours donnée par le grand prieur général du Val des Choux à des hommes sérieux et capables. Souvent le prieur était chargé de dettes particulières et, à sa mort, ses créanciers, pour se couvrir de leurs créances, ou ses héritiers, pour s'assurer la succession, faisaient main basse sur tout ce qu'ils pouvaient trouver au couvent. Ce fut probablement à la suite d'une saisie de cette nature que Pierre de Bellemanière, lors de son arrivée à Clairlieu comme prieur (1654), trouva les bâtiments dépourvus de « meubles, linge, aube, chasubles, calice, ni livres qui ont estez emportez et vendus par les héritiers de son prédécesseur (6) ».

Plus tard, au xviiie siècle, le prieuré était, par suite de la négligence des administrateurs, presque entièrement privé de ses titres de propriété, en sorte que plusieurs des biens qui lui appartenaient se trouvaient perdus. On cite notamment parmi ces derniers : deux arpents et demi de vignes que cultivait le seigneur de Pâlis, le droit de cens, lots et

(1) Archives de l'Aube : Carton 3 H, 142/19 (cote E).
(2) Courtalon : Hist. de Villemaur. B. T. Ms. 2251.
(3) Archives de l'Aube : Carton 3 H, 142/19.
(4) Archives de l'Aube : Carton 3 H, 142/19 (cote E).
(5) Archives de l'Aube : 18 H.
(6) Archives de l'Aube : G. 769.

ventes sur plusieurs maisons de la rue des Filles, à Troyes, sur la boucherie de Saint-Florentin, enfin quelques censives à Saint-Lupien, Villemoiron et ailleurs (1).

Dom Brand, l'un des derniers titulaires, nommé par le roi et mis en possession en vertu de bulles du pape Clément XI, fit même publier en 1731 des *Lettres monitoires* (2), obtenues en 1730, à l'Officialité de Troyes (3) pour le recouvrement des titres et renseignements sur les biens du prieuré. On ignore quel effet produisirent ces lettres ; mais il est certain, sur la foi de deux *cartes de visite* (4), dressées, par ordre de la cour de Rome, en 1728 et 1738, au grand prieuré du Val des Choux, que le même dom Brand a été très mauvais administrateur, et qu'après bien des écarts scandaleux, il dut se réfugier en Italie, à l'abbaye de Cazemar, où il mourut vers 1789.

Du reste, ce prieur s'était fort peu préoccupé de l'administration des biens qui lui avaient été confiés, car, en 1720, il donna procuration à un sieur Claude Malebranche, marchand de denrées à Planty, pour gérer les affaires de la maison et en toucher les revenus. Ce fut ensuite le curé de Planty, puis le frère Benoît Leleu (1726), qui furent tour à tour investis des pouvoirs de dom Brand (5).

Ainsi donc, lors même qu'on admettrait qu'il ait recouvré une partie des anciens titres de Clairlieu, il est à supposer que, sous cette main dissipatrice, rien d'essentiel, rien d'utile n'aura été conservé.

---

(1) Archives de l'Aube : Carton 3 H, 142/19 (cote D).

(2) Ordonnances des juges ecclésiastiques enjoignant à tous ceux qui auraient connaissance de crimes, de détournements ou de soustractions de pièces, de venir à révélation. (Chéruel.)

(3) Tribunal des évêques.

(4) Procès-verbal que rédigeaient les évêques ou archidiacres lors de la visite qu'ils faisaient aux prieurés pour y vérifier l'entretien des bâtiments et du mobilier, etc.

(5) Archives de l'Aube : Carton 3 H, 142/19 (cote E).

Rapports du prieuré avec l'autorité ecclésiastique supérieure.

Le prieuré de Clairlieu ne relevait pas seulement du grand prieuré du Val des Choux ; l'évêque de Troyes y avait aussi, outre les privilèges monastiques, le *droit de visite et de procuration* (1). Au xɪvᵉ siècle, si une difficulté surgissait avec un voisin, c'était l'Official de Troyes qui tranchait l'affaire. Aussi en 1237, le curé de Planty étant alors chargé de l'office divin au couvent, voyons-nous l'Official, sur la requête du maître de la Léproserie de Troyes, ordonner au desservant de suspendre d'abord des cérémonies religieuses le prieur et les religieux du monastère, s'ils ne restituaient pas les gerbes de blé et les terres qu'ils avaient prises à la grange des Pannetières, et au cas où ils s'obstineraient à les garder, de les excommunier (1317) (2).

Les religieux essayèrent bien au xɪvᵉ siècle de se soustraire à la juridiction épiscopale, et s'ils réussirent à y échapper pendant un temps, cette immunité ne fut pas de longue durée. Dès le xvᵉ siècle, en effet, nous voyons le frère Odrisset demander à l'évêque Jean Léguisé le *Curam animarum* sur les religieux et convers de sa maison, ce qui lui fut accordé, dit Courtalon, par lettres du 20 octobre 1447, en présence du général du Val des Choux.

« La juridiction des évêques de Troyes sur Clairlieu se
« prouve encore par des actes plus récents. Sur la fin du
« xvɪɪᵉ siècle, M. Bouthillier, alors évêque, emmena dans
« son carrosse, aux prisons de son château d'Aix, le prieur

---

(1) Le droit épiscopal de visite consistait, de la part du bénéficier, à loger et nourrir l'évêque et sa suite, et à leur procurer tout ce qui leur était nécessaire. Cette obligation constituait pour l'évêque le droit de procuration.

(2) Harmand : Notice sur la Léproserie (cartulaire). B. T., n° 522.

« de Clairlieu, très dérangé, qui alors ne se défiait de rien
« et croyait faire compagnie au prélat. Plus tard, en 1732,
« sur les réquisitions mêmes de dom Athanase Incelot, cy-
« devant sous-prieur du Val des Choux et desservant Clair-
« lieu, M. Bossuet (évêque de Troyes) ordonna une visite
« en règle pour constater l'état du prieuré (1). »

En 1742, l'évêque Poncet de la Rivière supprima le monastère, dispersa les religieux en d'autres communautés, et
le prieuré fut mis en commande à nomination royale (1). Il
y resta jusqu'en 1789, époque à laquelle finit son histoire.

(1) Courtalon : Histoire de Villemaur. B. T. Ms. 2254.

Liste d'après le cadastre des lieuxdits
du territoire de Palis.

———

Au Nord. — A. — *Section de Frescul* : 391 hectares
54 ares 67 centiares, depuis le chemin de Pouy jusqu'à
l'ancien chemin de Villadun.

Buisson-Sarrazin. — Tournemeule. — La Garenne. —
Devant la Garenne. — Derrière la Garenne. — Les Vannes.
— Grosse terre des Vannes. — Revers des Vannes. —
Têtre Audry. — Chemin des Petites-Vallées. — Madroge-
line. — Chemin de Villadin. — Bas de Villiers. — Les
Vignes rouges. — Haut des Vignes rouges. — Rue des
Vignes. — Les Plants. — Bout de la rue de Serée. — Les
Perrières. — Cul à la Truie. — Haut de Frescul. — Bas de
Frescul. — La Sablonnière. — Chérigny. — Les bois com-
munaux. — L'Ermitage (1).

A l'Est. — B. — *Section de la Haie-des-Boulins* : 367 hectares 3 ares 27 centiares, depuis l'ancien chemin de Villadin jusqu'au chemin du Mesnil.

La Pierre aux Pêles. — Chêne Bruley. — Champ la Bique.
— Chemin des Petites-Vallées. — Le Moulin à vent. —
Bas du Moulin à vent. — La Charmée. — L'accin Maigrot.
— Le Puisot. — La Vallotte. — Chemin du Mesnil. —

———

(1) La plus grande portion de cette contrée se trouve sur le territoire
de Marcilly-le-Hayer, mais appartient néanmoins presque en totalité à
plusieurs habitants de Pâlis. Une légende y est attachée relative à saint
Flavit, pâtre d'un seigneur de Marcilly-le-Hayer.

Entre les deux chemins du Mesnil. — La Haie de l'Érable.
— Les Latteux. — Rozet. — Le haut de Rozet. — Le Buis-
son Raguin. — Chemin des Charbonniers. — Corps-Nogent.
— Le Fossé blanc. — Gabriole. — Le Vozon. — Violette.
— Haie des Boulins. — Le Cul à la Pelle. — Le Fond du
Cul à la Pelle. — La Fin Notre-Dame. — La Haute Borne.
— Tricherey (1). — Le fond de Tricherey. — Vaucolattes.
Buisson-Perdrix.

A l'Est. — C. — *Section des Essarts :* 320 hectares 9 ares
65 centiares, depuis le chemin du Mesnil jusqu'au chemin
de Villemaur.

La Haute Borne. — La Vallée des Sonnailles. — La Madre.
— Les Essarts (2).— Les Crésattes.— Chemin du Mesnil.—
Bourcher. — Chemin de Troyes. — Champignole. — Che-
min de Villemaur. — Croix Saint-Georges. — Champ à la
Messe.

Au Sud. — D. — *Section du Bois Maraut :* 385 hectares
63 ares 70 centiares, depuis le chemin de Villemaur jusqu'au chemin de Planty.

Le Nozeau. — Le Château (3). — Le Verger. — Accin Sau-
lais. — Rue du Bois. — Bout de la rue du Bois. — La Haie
Chèvre. — Noyer de la Haie Chèvre. — La Carrière. — La
Pièce blanche. — Pièce du Bois Maraut. — Le Bois Maraut.
— La Grande Pièce. — La Pièce du Chêne. — Fourche-
rolle. — Vaux-Babaux. — Terrier aux Anes. — Bas du Ter-
rier aux Anes. — Croc à Pré. — L'Épine. — Le Fossé du
Vaux. — La Haie des Pommiers. — Pute Terre. — L'Homme
mort. — Les Pennecières (4). — Entre les deux haies. —
Le Buisson Gendre.

(1) Emplacement de l'ancien hameau du même nom.
(2) Ancienne propriété de la commanderie de Coulours.
(3) Emplacement de l'ancien château et du verger qui en dépendait.
(4) Emplacement de la grange de Pannetières.

A l'Ouest. — E. — *Section de Sorbillon* : 418 hectares 3 ares 42 centiares, depuis le vieux chemin de Planty au chemin de Pouy.

Champ Vigné. — Haut de Champ Vigné. — Les Corbiers. — Haut des Corbiers. — Le Mineroy. — La Haie des Riots. — Haut de la Haie des Riots. — Le Buisson Mathieu. — Sorbillon. — Bois de Sorbillon. — Côte de Sorbillon. — Clairlieu. — La Vallée de Clairlieu. — Champ Notre-Dame. — La Haie d'Enfer.. — Bois planté. — Près la Forêt. — Le haut des Grandes Vignes. — Le Croc Tiby. — Champ la Cornaille. — Croc à Pot. — Champ Blanc. — Haut de Champ Blanc. — Bas de Champ Blanc. — Haie de Champ Blanc. — L'Isle. — Haut de l'Isle. — La Crelle. — Bas de la Crelle.

Au Centre. — F. — *Section du Village* : 160 hectares 53 ares 67 centiares.

Le Village. — Rue de Bouc. — Rue des Vignes. — Pennerat. — Marivas. — Noyer Bilon. — Rue du Bois. — La Reinotte. — La Croix des Vignes. — Les Haies. — Putte Peau. — Les Raies tortues. — Haie Cossé. — Bas des Vignes.

TABLE DES MATIÈRES

CAAPITRE III

CHAPITRE IV

NOTICE SUR LE PRIEURÉ DE NOTRE-DAME DE CLAIRLIEU

Imp. Brunard, rue Urbain IV, 85. — Troyes

148

www.ingramcontent.com/pod-product-compliance
Ingram Content Group UK Ltd.
Pitfield, Milton Keynes, MK11 3LW, UK
UKHW022232120726
13694UKWH00002B/803